Theodor Storm

**Gesammelte Schriften**

Theodor Storm

**Gesammelte Schriften**

ISBN/EAN: 9783741166143

Hergestellt in Europa, USA, Kanada, Australien, Japan

Cover: Foto ©Andreas Hilbeck / pixelio.de

Manufactured and distributed by brebook publishing software (www.brebook.com)

Theodor Storm

**Gesammelte Schriften**

# Storm's gesammelte Schriften.

# Theodor Storm's

# gesammelte Schriften.

### Erste Gesammtausgabe.

#### Neunzehn Bände.

Braunschweig.
Druck und Verlag von George Westermann.
1889.

# Inhalt
## des neunzehnten Bandes.

Ein Bekenntniß (1887) . . . . . . . . . . . . 1
Der Schimmelreiter (1888) . . . . . . . . . . . 111

# Ein Bekenntniß.

(1887.)

Es war zu Ende des Juni 1856, als ich eine alte Verwandte zu ihrem gewöhnlichen Sommeraufenthalt in der Brunnenstadt Reichenhall begleitet hatte, diesem zwischen Felsen eingekeilten Brutnest, von dem man sich nur wundern muß, daß die Ortsleute nicht die Brunnengäste allein dort wohnen lassen. Trotzdem — wir waren gegen Mittag angekommen — als ich nach beendigter Hoteltafel erfuhr, daß meine gute Tante sich zunächst einem Mittagsschläfchen und danach dem Auspacken ihrer hohen Koffer und der Einrichtung in dem neuen Quartiere widmen wollte, trieb mich die Langeweile ins Freie, wenn auch der Sonnenschein wie Gluth herabfiel. Ich nahm den einfachsten Weg und ging auf der den Ort durchschneidenden Chaussee einige Tausend Schritte durch den Paß Lueg, der hier nach Tirol hineinführt. Aber der Tag wie der Ort waren heute zu heiß, zwischen den engen Felswänden waren selbst die Schatten unerträglich; ich kehrte wieder um und ging den Weg zurück. Am Ausgange des Passes durchschnitt ein strudelnder Wasserstrom den Weg; auf der Brücke, die darüber war, stand ich lange und blickte wie zur Kühlung in die unter mir sich vorüberwälzenden Wasser. Dann entschloß ich mich und ging wieder in den unerbittlichen Sonnenschein hinaus; der weiße Staub der Chaussee schimmerte und blendete, daß mir die Augen schmerzten. Als ich wieder im Orte war, bemerkte ich mir zur Rechten eine halb offene Gitterthür in einer breiten Laubwand, dahinter einen weiten, mit vielen Bänken und Gartenstühlen besetzten Platz. „Ist das ein öffentlicher Garten?" frug ich einen mir entgegenschlendernden Burschen.

„Der Curgarten," war die Antwort.

Ich trat hinein und blickte um mich her: es schien jetzt nicht Besuchszeit hier zu sein; nur einige Kindermägde mit ihren kleinen Scharen saßen drüben im vollen Sonnenschein; was sie mit den Kindern sprachen oder sich gegenseitig zuriefen, tönte hell über den weiten Platz. Da es aber ein gut Stück über Mittag war, so hatte derselbe auch bereits seine

Schattenseite, und dort weiter hinauf unter einem der umgebenden Bäume saß auch schon einer der Brunnengäste, Grau in Grau gekleidet, mit einem breitrandigen Hut von derselben Farbe; er hatte die Hände auf seinen Stock gestemmt und blickte unbeweglich in die weiße Luft, die über den Akazien an der gegenüberstehenden Seite flimmerte, als ob kein Leben in ihm wäre.

Ich hatte mich, ein paar Bänke vor ihm, unter eine breitblätterige Platane gesetzt und unwillkürlich eine Weile zu ihm hinübergesehen. Plötzlich durchfuhr es mich, und meine Augen wurden groß: die stattliche Gestalt meines liebsten Universitätsfreundes, von dem ich über ein Jahrzehnt nichts gesehen und gehört hatte, war auf einmal vor mir aufgestanden. „Franz! Franz Jebe!" rief ich unwillkürlich. Er schien es nicht gehört zu haben; es war wohl auch eine Thorheit von mir gewesen; der da drüben war wohl fast ein Fünfziger, ich und mein Freund aber waren immerhin noch in den letzten Dreißigern, an denen noch ein Glanz der Jugend schimmert.

Wir waren Landsleute; aber wir hatten uns erst als Studenten kennen gelernt. Er war einer von den Wenigen, die schon auf der Universität von den Gleichstrebenden als eine Autorität genommen werden, was bei ihm, besonders hinsichtlich der inneren Medicin, auch von den meisten Professoren bis zu gewissem Grade anerkannt wurde. Im letzten Jahre war er noch Assistenzarzt auf einer Klinik für Frauenkrankheiten, wo es ihm einmal gelang, eine schon aufgegebene Operation glücklich zu vollenden. Was mich mit ihm verbunden hatte, war zum Theil ein von Wenigen bemerkter phantastischer Zug in ihm, dem in mir etwas Aehnliches entgegenkam; die Arbeiten von Perty und Daumer über die dunklen Regionen des Seelenlebens ließ er, wenn auch unter manchem Vorbehalte, nicht verspotten. Nähere Freunde besaß er, außer etwa mir, fast keine. Die Meisten, welche seiner Facultät angehörten, schien es zu drücken, daß er so schnell und ruhig mit seinem Urtheil fertig war, während sie noch an den ersten Schlußfolgerungen klaubten. Einen einfachen Menschen, in dem aber ein tüchtiger Mediciner steckte, frug ich eines Tages: „Was hast du gegen Franz Jebe, daß du ihm immer aus dem Wege gehst? Ich meine, daß er dich besonders respectirt."

— Er schüttelte den Kopf.

„Du wenigstens," fuhr ich fort, „brauchst dich doch durch seine Tüchtigkeit nicht zurückschrecken zu lassen!"

„Meinst du?" erwiderte er; „das ist ein eigen Ding einem Gleichalterigen gegenüber; aber das ist es doch eben nicht bei mir."

— „Nun, und was sonst noch?"

„Er ist hochmüthig!" versetzte er; „das sind keine Leute für mich. Noch gestern in der Klinik, es war ein eigenthümlicher Fall von Diphtherie an einem Kinde, das die Mutter uns gebracht hatte. Ich hatte untersucht, und da Jede dabei gestanden und zugesehen hatte, theilte ich ihm einfach, aber eingehend meine Ansicht mit. Meinst du aber, daß er mich dann auch der seinigen würdigte? Mit einem herablassenden Lächeln sahen mich seine scharfen Augen an; der Zug um seinen schönen Mund wollte mir nicht gefallen."

So stand er zu den Meisten seiner Facultät; mit mir war es ein Anderes, der Mediciner und der Jurist hatten keine Veranlassung, sich aneinander zu messen, und so hatte ich denn bald herausgefunden, daß hinter jener Schwäche ein warmes und wahrhaftiges Herz geborgen sei.

Der graue unbewegliche Mann dort, es konnte kaum Franz Jebe sein; aber was war es denn, daß meine Augen sich immer wieder unwillkürlich zu ihm wandten. Es hielt mich nicht länger, ich sprang auf und schritt langsam ihm entgegen; so mußte er doch mich erkennen, der ich über die gewöhnlichen Veränderungen während reichlich eines Jahrzehntes eben nichts erlitten hatte.

Als ich zwischen ihn und das Stück Himmel trat, in das er wie ins Nichts hineinstarrte, wandte er, wie erschreckt, seine Augen auf mich, und ich fühlte, daß er mich erkenne; dann aber berührte er schweigend, wie zum Gruße gegen einen Unbekannten, den Rand seines Hutes und ließ plötzlich mit einer eigenthümlichen Bewegung den Kopf herabsinken, die mir mit einem Mal jeden Zweifel nahm. Wie oft hatte ich dies an meinem Freunde wahrgenommen, wenn wir unter Anderen waren und ein Gespräch sich aufgethan hatte, von dem er nichts mehr hören wollte.

Ich trat auf ihn zu und legte die Hand auf seine

Schulter: „Franz!" rief ich; „du bist es doch; ich lasse mich nicht so leicht vertreiben!"

Langsam erhob er sein mageres Gesicht, und wieder sah er mich an; aber ohne Hast, und bald fühlte ich die Innigkeit, mit der seine Augen an den meinen hingen. „Du hast recht, Hans," sagte er mit einer mir fast fremden Stimme und griff nach meiner Hand; „ich weiß es wohl noch, wir hielten damals ein Stück aufeinander."

„Ich denke, Franz, es ist wohl noch heute so!"

Er nickte und zog mich neben sich auf die Bank. „Du hattest mich überrascht, Hans; ich pflege hier allzeit allein zu sein; weiter war es nichts. Aber sprich, wie kommst du hierher, so weit von unserer Heimath, der du als echter Sohn eines alten städtischen Geschlechts so unerbittlich anhingst; bist du nicht mehr dort?"

„Doch — ich habe nur eine alte Tante hergebracht, die ebenso unerbittlich dem hiesigen Brunnen zugethan ist; das sind Herzensgeheimnisse. Aber du, Franz, du hast verspielt, wie man bei uns zu Haus sagt, seit wir uns nicht gesehen haben. Bist du krank und suchst du Heilung in diesem Höllenkessel?"

„Nun, nun," entgegnete er; „es ist nicht alle Tage so! Ich bin nur hier, um allein zu sein, was zu Haus nicht möglich ist; und ob ich krank bin, das, mein Freund, ist so kurz nicht zu beantworten."

„So laß es lang sein; wir haben uns ja fast fünfzehn Jahre nicht sprechen hören!"

„Ich fürchte, Hans," erwiderte er, mich mit halbem Lächeln ansehend, „ich stehe wieder unter dem Bann deiner Liebenswürdigkeit; ich fühle auch, dir kann ich's sagen, ja, ich muß es, was kein Mensch von mir weder je erfahren hat, noch wird. Gehen wir nach meiner Wohnung; in meinem stillen Zimmer wird uns Niemand stören; die grauen Schatten der Erinnerung können ungehindert um uns sein."

Er blickte mich mit ernsten, trüben Augen an: „Nur einem nächsten Freunde kann ich es erzählen; denn Freude ist nicht dabei, ich kann nur eine Last auf deine Schultern legen."

„So gehen wir," sagte ich; „ich bin derselbe, den du seit lange kennst."

Er stand mit einer elastischen Bewegung von seinem Sitze auf, und ich sah mit Freuden, die Gestalt zum Mindesten war noch fast dieselbe wie in unserer Jugend. Was mich vor Allem bei ihm erschreckt hatte, verschwand freilich nicht, und während wir schweigend durch die Gassen schritten, grübelte ich vergebens, was seiner einst so metallreichen Stimme einen Laut beigemischt haben könne, der mich immer wieder an den traurigen Ton einer zersprungenen Glocke erinnerte.

Ich sollte es bald erfahren; denn schon waren wir in eins der ältesten Stadthäuser getreten, das mir Franz als sein zeitweiliges Heim bezeichnete. Sein Zimmer lag zu ebener Erde hinter einem kleinen Corridor; als wir eintraten, blendete mich fast die Dämmerung, die hier herrschte; ein paar Fenster mit kleinen Scheiben gingen auf einen scheinbar außer Gebrauch gestellten Hof, von dem die Seitengebäude jeden Sonnenstrahl abzuhalten schienen; altes Gerümpel, Zuber und Bretter und was noch sonst lagen umher und schienen trotz der draußen kochenden Sonnenhitze feucht zu sein von dem fortdauernden Mangel des Lichtes; in der einen Ecke stand ein alter dürftig belaubter Holunderbusch, auf einem seiner Zweige saß, in sich zusammengekrochen, eine Dohle und beschäftigte sich damit, die Augen bald zu schließen, bald wieder aufzumachen. Ich machte meinen Freund darauf aufmerksam.

„Störe sie nicht," sagte er; „sie ist satt und will nun schlafen." Dann that er einen Schritt zur Thür, als wolle er den daneben hängenden Klingelzug ergreifen. „Du willst doch etwas trinken?" frug er.

Ich schüttelte den Kopf. „Wenn du dessen nicht bedarfst?"

„Ich nicht," erwiderte er hastig und warf sich auf das harte Sopha; „und nun setze dich, Hans!"

Ich drückte mich neben ihm in die andere Ecke; aber er begann noch nicht. „Ich weiß nicht recht," sagte er, sich mit der Hand über die Stirn fahrend, „wo ich mein schweres Bekenntniß ansetzen soll, nicht recht, wie früh das Leid begonnen hat."

— „Bist du so zweifelhaft geworden, Franz?"

„Darüber, mein Freund," entgegnete er; „magst du später urtheilen; aber da du Alles wissen sollst, so muß ich weit zurück, bis in meine letzte Primanerzeit.

Du bist als Student einmal mehrere Tage mit mir in meinem elterlichen Hause gewesen; der Oertlichkeiten hinter dem mächtigen alten Wohngebäude wirst du dich wohl noch kaum entsinnen. Wenn man aus der Hausthür trat, lag rechts zunächst ein hoher Flügel des Hauses, dann Stallräume und ein Aufgang zum Heu- und Kornboden; zur Linken zog sich der höher belegene, mit niedriger Mauer und darauf befindlichem Stackete eingefriedigte Garten entlang; hohe Obstbäume reckten ihre Zweige über den darunter liegenden Steinhof, so daß ich mir als Knabe, wie oft, Morgens die vom Wind herabgeschüttelten und auf den Steinen geplatzten Grafensteiner sammelte.

Verzeih mir, Hans, ich vergesse mich; aber es ist mein Vaterhaus, und ein Brand hat später das Meiste davon zerstört; damals aber stand Alles, als sei es immer dort gewesen und müsse immerfort so bleiben. Was zwischen dem Garten und den Baulichkeiten zur Rechten die beiden Seiten des Hofes schloß, war neben dem ersteren der Eingang zu einer unendlichen Rummelei von seit Jahrzehnten verödeten Fabrikgebäuden mit finsteren Kellern, Kammern voll Spinngeweben mit kleinen Scheiben in den klappernden Fenstern und unzähligen sich übersteigenden Böden, über welche wir einmal, mit Gartenstöcken bewaffnet, den Fabrikkobold verfolgten, der uns, wie stark behauptet wurde, mit seiner Zipfelmütze aus einer Dachöffnung angegrinst hatte. Dann folgte das geräumige Waschhaus, durch das man in einen gleichfalls großen abgelegenen Hühnerhof gelangte, der von der Hinterseite der stillen Fabrikgebäude und einiger Nachbarspeicher rings umschlossen war, übrigens außer dem gewöhnlichen Federvieh von mir mit Meerschweinen und Kaninchen, gezähmten Möwen und Bruushühnern, auch wohl mit gefangenen Ratten und Feldmäusen und anderem unheimlichen Geziefer bevölkert zu werden pflegte; nach der Schulzeit war das meine liebste Gesellschaft.

Damit sind die Räume meiner Knabenfreude zu Ende; nur noch der letzte in der Ecke gegen die Heubodentreppe ist zu erwähnen. Wenn man eintrat, war zunächst eine Kammer für Pferdegeschirr und dergleichen, nebst anderen kleinen Gelassen; dann aber rechts hinter einer leeren Thüröffnung befand sich ein Raum zur Bergung des Torfes von ungewöhnlicher Höhe und Flächengröße. Selbst bei Tage herrschte hier meist tiefe Dämmerung; denn nicht allein, daß alle Wände von Torfstaub geschwärzt waren, es war auch nur eine einzige Fensteröffnung hier; aber in solcher Höhe, daß ich darunter mehrere alte Kisten aufeinander gepackt hatte, um dadurch in den darunter liegenden Hühnerhof hinabblicken zu können. Und das geschah nicht selten; nicht nur wenn am Tage Hühner und Kaninchen krächzend und schnuppernd gegeneinander flogen, sondern auch gegen Abend, wenn der Hof leer und schon Alles an seinem Nachtort war, wenn nur die Fledermäuse über den Hof flogen, und ich meine Mäuse in ihren Kästen an der Mauer knuspern hörte. Manch halbes Stündchen, und auch wohl länger, bin ich so dort gestanden, bis die Nacht herabfiel und mir Beine machte, daß ich in das helle Haus zurückkam.

Von jener Fensterhöhle aus — denn ein Fenster war nicht mehr darin — habe ich ein Gesicht gehabt, das, wie ich mir noch heute nicht verreden kann, mein ganzes späteres Leben bestimmt hat; nur ein Nachtgesicht, das mir mit geschlossenen Augen offenbar ward; denn mein Leib lag in meiner Kammer oben im Wohnhause und von Schlaf bezwungen. Aber gleichviel; ich sah, ich erlebte es.

Mir ist noch wohl erinnerlich, es hatte damals

ein Scharlach in der Stadt gewüthet und viele Kinder, besonders männlichen Geschlechts, wurden hingerafft, uns Primaner aber hatte es nicht berührt. Gleichwohl mochte meine Phantasie unbewußt davon ergriffen sein; aber die Seuche war schon im Erlöschen."

Der Erzähler sah ein paar Augenblicke vor sich hin. „Es war in einer Octobernacht," begann er dann wieder; „ich hatte mich lange schlaflos in meinem Bett umhergeworfen; denn vor meinem Fenster, das nach dem Garten hinausging, schüttelte der Sturm die schon halb entlaubten Baumkronen, fuhr dann davon, weiter und weiter, daß es todtenstill ward, bis er nach kurzer Weile, wer weiß woher, zurückkam und sich tosender als vorher auf die Bäume und gegen die feste Mauer des Hauses warf. Endlich wurde es schwächer; ich hörte schon nichts mehr; ich stand unten in jenem Torfraum auf den aufeinander gepackten Kisten und schaute durch die schwarze Fensterhöhle in den einsamen Hühnerhof hinab. Es war erste kalte Morgenfrühe, wo noch kein Leben sich regt; auch in den Lüften war es still, und der Hof schien gänzlich öde; ein letztes Dämmern lag noch in den

Ecken. Ich weiß nicht, wie es kam; aber plötzlich, mir gegenüber in der Mitte des Hofes, sah ich etwas; in einem Dunste, der aus dem Boden aufzuziehen schien — mir war, ich hätte es einmal an einem schwülen Mittsommerabend auf dem Kirchhof über dem Hügel eines Frischbegrabenen so gesehen — darin stand eine Gruppe von Knaben, einer an dem anderen; ihre Arme hingen herab, ihre wellen Köpfe lagen schief auf ihrer Schulter, von den Augen sah ich nichts. Aber meine Blicke hafteten nicht auf ihnen; in ihrer Mitte, sie ein wenig überragend, stand die Gestalt eines etwa dreizehnjährigen Mädchens; ein schlichtes aschfarbenes Gewand zog sich bis an ihren Hals hinauf, wo es mit einer Schnur zusammengezogen war. Schön war sie eben nicht; ein etwas fahlblondes Haar lag ein wenig wirr auf ihrem kleinen Kopfe; aber aus den feinen durchsichtigen Zügen ihres Antlitzes blickten ein Paar lichtgraue Augen unter dunklen Wimpern in die meinen, unablässig, sehnsüchtig, als solle ich sie nie vergessen; und mit unsäglichem Erbarmen blickten sie mich an: eine verzehrende Wonne überkam mich, ich hätte unter diesen Augen sterben mögen. ‚Wer bist du? Was willst du, Holdseligste, die ich jemals erblickte?" Aber nur in meinem Inneren sprach es so; die Worte blieben Gedanken; ich fürchtete den Blick des geheimnißvollen Kindes zu verlieren; ich konnte auch vielleicht nicht sprechen.

Da war mir, als würde ihr Antlitz undeutlicher; nur aus ihren Augen drang es stärker und, mir schien es, ängstlicher zu mir; aber schon verblaßte Alles; da raffte ich mich zusammen und rief, als ob das Leben mir entrissen würde: ‚Bleib, o bleib! Sag, wer bist du! O, sag es, sag es!'

Ich wartete eine Weile; dann war's, als käme ein Hauch aus den verschwindenden Nebeln zu mir zurück; und nun war Alles still und leer, nur einen wirren Laut noch hörte ich; wie mir bald klar wurde, hatte ich ihn selber ausgestoßen; dann erwachte ich. Ein Morgenschimmer spielte schon an den Wänden; aber kein Baumrauschen kam zu mir herein; der Sturm hatte sich gelegt. Ich schloß die Augen und wühlte mich in mein Kissen, ich wollte das Wesen, das sich mir offenbart hatte, das mich mit einer angstvollen Sehnsucht füllte, hinter den geschlossenen Lidern noch behalten.

Als ich um sieben Uhr zum Thee herabkam, strich meine Mutter mit ihrer Hand über meine Stirn: "Du hast nicht gut geschlafen; der Sturm hat dich wohl auch gestört, mein armer Junge!" sagte sie. Ich ließ mir ihre Zärtlichkeit gefallen, suchte ihr möglichst herzlich zuzunicken und eilte dann in die Klasse.

Mein Kopf mag noch halb im Taumel gewesen sein; als ich den Absatz der Treppe, die nach unserer Prima hinaufführte, erreicht hatte, blieb ich unwillkürlich stehen und griff nach dem hinauflaufenden Geländer, als ob ich eines Halts bedürfe: die Augen des Nachtkindes hatten mich wieder angesehen; mir war, als ob das Geheimniß des Weibes sich mir plötzlich offenbaren wolle. Von unten hörte ich Schritte heraufkommen, ich wußte auch, daß das der Rector sei; ich fühlte, wie er seine strengen Augen auf mich wandte, und hörte gleich darauf, wie droben die Klassenthür aufgemacht und wieder zugedrückt wurde. Endlich ließ meine Hand das Geländer fahren, und ich ging in die Schulstube und setzte mich still an meinen Platz. Einige fragende Blicke des Rectors streiften mich; ich aber bemühte mich ernstlich, mich aus der Welt des Traumes in die poetische der sophokleischen Antigone zu versetzen.

Aber die Grübelei, die schwärmerische Versenkung begleiteten mich auch ferner; es war mir — vergiß mein Jünglingsalter nicht — unmöglich, jenes Nachtgesicht nur für ein Erzeugniß des eigenen Inneren anzusehen. Aber wer war denn jenes geheimnißvolle jungfräuliche Kind? Schon bei der Erinnerung an sie fühlte ich einen süßen Schauder durch alle meine Nerven rieseln. War sie ein Genius des Todes, der mich im Traume zuvor noch einmal mitleidig angeschaut hatte? Ich versenkte mich immer tiefer, ich stellte mir lebhaft vor, daß ich in meinem letzten Augenblick sie wiedersehen, daß ich vielleicht mit jenen todten Knaben sie begleiten könnte. Aber waren diese nicht nur eine Beigabe, die meine eigene Phantasie ihr gegeben hatte, ein Rest des Eindrucks, den das Knabensterben in unserer Stadt mir hinterlassen hatte?

— — So sah es damals in mir aus — du könntest wohl lachen; aber thu es nicht, Hans! — So viel übrigens ist mir später klar geworden: ein Glück, daß es damals noch keine Maturitätsexamina auf unserer Schule gab; ich wäre derzeit schwerlich durchgekommen."

Schon mehrmals, während Franz erzählte, hatte ich es vom Hofe her an die Scheiben pochen hören; jetzt geschah es wieder in verstärktem Maße. Ich wandte mich und sah nun, daß die Dohle mit ihrem starken Schnabel dies Geräusch hervorbrachte.

Mein Freund war aufgestanden. "Ja, Klaas," rief er, "das hilft nun nicht!" und zu mir sich wendend, setzte er hinzu: "Die arme Creatur ist eifersüchtig; sie hat in den vier Wochen, die ich hier nun zugebracht habe, mich mit Niemandem als mit ihr selber reden hören — und die Unvernünftigen haben feinere Ohren als wir Menschen!"

Ich sah ihn an; solche Intimität zu Thieren hatte ich nie bei ihm vermuthet; er mußte sehr vereinsamt sein. Ich schwieg indeß, und Franz nahm aus einem Kästchen, das auf einem Eckschrank stand, eine Hand voll Futter und warf es, nachdem er den freien Fensterflügel geöffnet hatte, auf den Hof hinaus. Fast gleichzeitig war auch das Krähenthier von den Scheiben fortgeflattert und machte sich, ein paar häßliche Laute ausstoßend, über die Futterstücke her.

Franz sah wie abwesend dem ein Weilchen zu; dann setzte er sich langsam wieder zu mir in das Sopha und rieb sich mit der flachen Hand die Stirn.

"Ja, Hans," begann er dann aufs Neue, "es war damals so ganz anders; wir müssen manches Jahr zurück. — Ich bekam trotz alledem ein braves Abgangszeugniß; der gute Rector, dessen Gunst ich einige Jahre schon besaß, hatte mir die Zerstreutheit der letzten Monde nicht angerechnet; nur einmal hatte er gesagt: ,Lieber Jebe, vergessen Sie nicht, Sie sind zur Zeit noch immer hier in unserer Prima; es thut nicht gut, wenn die Gedanken den gegenwärtigen Pflichten zu sehr vorauseilen!' Er glaubte, die bevorstehende Universitätsfreude habe mir den Kopf befangen.

Dann kam sie wirklich, die Hochschule mit dem flotten Corpsleben und den vielen Professoren, mit all den neuen Eindrücken, die ich oft widerwillig genug empfing; und als so manches Unliebsame abgeschüttelt war, im dritten und den folgenden Semestern mein Studium, das ich freilich ernsthaft genug betrieb. Unter diesem neuen Leben verschwand so Vieles, dem ich ewige Dauer zugetraut hatte; nur eines nicht: der Eindruck jener lieblichen Luftgestalt, die ich nur im Traum gesehen hatte, lag unverrückbar im Grunde meiner Seele; keine der halb- oder vollgewachsenen Schönen, die meinen Mitstudenten das Hirn verwirrten, konnte ihn erschüttern. Freilich, tief lag es, und Niemand, ich selber wußte oft nicht darum; auch als du dann zu mir tratst und wir vertraut wurden, wie es mir mit Keinem noch geschehen war, ja selbst, wenn wir in jene geheimnißvolle Region des Seelenlebens uns einmal verloren — mein eigen Nachtgesicht barg ich nur um so fester, wie im Innersten meines Lebens, gleich einem heiligen Keim, den ich vor aller Störung meiner Zukunft zu bewahren hatte.

— — Du weißt, Hans, daß ich nach beendigten Studien mich als Arzt, speciell für Frauenkrankheiten, in der Stadt niederließ, die noch gegenwärtig mein Wohnort ist. Ich war dabei nicht zaghaft, ich war mir bewußt, das Meinige gelernt zu haben; ich vertraute mir, ich war von vornherein zuversichtlich. Auf der Universität hatte mir das bei Vielen den Ruf des Hochmuths eingetragen; jetzt erwarb ich dadurch den eines tüchtigen Arztes, der am Krankenbett nicht erst zu suchen und bei seiner Heimkehr erst in seinen Compendien nachzulesen brauche. Was, recht besehen, ein Frevel in mir war, das brachte mich hier zu Ehren: an Leichnamen hatte ich den inneren Menschen kennen gelernt, so daß mir Alles klar vor Augen lag, und wie mit solchen rechnete ich mit den Lebendigen; was war da Großes zu bedenken!

Bald mußte ich mir die schwarze Doktorkutsche, bald genug einen Assistenzarzt zulegen; ich wurde der erste Arzt der Stadt und bin es vielleicht auch jetzt noch.

Unter solchen Umständen konnte von einer Theilnahme an geselligem Verkehr nicht viel die Rede sein; nur das Haus eines früheren Patienten, eines Rechtsanwaltes — Wilm Lenthe heißt er —, der um einige Jahre älter sein mochte als ich, machte davon eine Ausnahme. Ich pflegte ein paar Mal in der Woche meine Abende dort zu verleben und währenddeß meine Praxis, außer in besonderen Fällen, meinem Assistenten zu übertragen. Wenn der gleichfalls Vielbeschäftigte Abends um acht Uhr in das einfache, aber behagliche Wohnzimmer trat, hatte seine liebenswürdige Frau, die zu hören und zu reden verstand, den Thee schon für uns bereit, und wir beide von der Tagesarbeit Ermüdeten drückten uns schweigend jeder in eine Sophaecke, bis die Belebung durch den chinesischen Trank unsere Nerven und unser Gespräch lebendig machte. Es war mir erquicklich, wie einst, Hans, wenn ich auf der Treppe zu meiner Studentenkneipe spät Abends deinen Tritt vernahm und dann schleunigst meine Arbeit bei Seite packte. Wie damals unsere Zwei-, so wurde auch hier die Dreizahl fast nie durch einen neuen Gast gestört.

Da eines Herbstabends, wie ich auf ein lebhaftes „Herein" die Thür des Wohnzimmers öffnete, drang eine ungewohnte Helligkeit mir entgegen; ich sah, daß eine größere Lampe auf dem Tische brannte, und daß außer dem Ehepaar eine mir unbekannte junge Dame in aschfarbenem Linnenkleid zugegen war, welche bei meinem Eintritt die Theeschenke zu versehen schien. Die Hausfrau kam mir entgegegen: „Da ist er, der Erwartete!" rief sie, und die junge Dame an der Hand herbeiziehend, fügte sie hinzu: „Unsere Freundin Else Füßli; wie Sie dem Namen anhören, eine Schweizerin, und was Sie interessiren wird, aus der Familie, der auch Heinrich Füßli angehörte, dem zuerst die Darstellung des Unheimlichen in der deutschen Kunst gelang; Sie sehen, ich habe genau behalten, was Sie und mein Wilm mir neulich auseinandersetzten, da wir jenen Füßlischen Nachtmar, der dort in der Ecke hängt, vor uns auf den Theetisch genommen hatten.'

‚Er war mein Großoheim,' sagte das Mädchen bescheiden.

‚Und nun kommen Sie zum Thee!' fuhr meine ältere Freundin fort. ‚Sie brauchen nicht vorgestellt zu werden, denn Elsi wußte, daß wir unseren Freund, den Doctor Jebe, erwarteten.'

Dieser Redestrom, wohl eine Freude über den anmuthigen Besuch, kam mir zu Statten; denn ein geheimnißvoller Schrecken, zugleich die Empfindung eines schicksalschweren Augenblickes und eines betäubenden Glückes hatten mich getroffen; es war wie damals auf der Treppe unserer alten Gelehrtenschule: Alles um mich her war vergessen; aber vor mir im hellen Lampenlichte sah ich die Augen und das blasse Antlitz meines Nachtgesichtes.

Jetzt war mir Zeit geworden, mich zusammenzuraffen; ich vermochte ein paar Worte zu der

Fremden zu sprechen; dann gab ich meinem Freunde die Hand und setzte mich auf den gewohnten Platz. Die Schweizerin saß mir gegenüber, ein wenig zurück und etwas in dem Schatten unserer Hausfrau; ein zärtliches Licht fiel aus ihren Augen, wenn sie, was oft geschah, dieselben zu ihr kehrte. Mich streiften diese lichtgrauen Sterne nur ein paar Mal und wandten sich dann scheu zur Seite; aber mir war, als ob sie heimlich prüfend auf mich sahen. Ich erfuhr im Gespräche, daß Fräulein Else eine Waise, daß ihr Vater ein Mann gewesen sei, der nach den Sonderkriegen auf eidgenössischer Seite sich hervorgethan habe; auch wo sie selber mit unseren Wirthen sich kennen und lieb haben gelernt hatte. Ich hörte das Alles, aber es ging an mir vorüber; ich sah an diesem Abend das Mädchen doch nur im Scheine des Wunders — mir war, als habe ein Dämon, der meinige, sie, wer weiß woher, hier in das Haus meiner Freunde gebracht.

Ich habe dir," unterbrach sich Franz, „von meinem jugendlichen Traumgesicht, das sich vielleicht nur aus dem Eindruck des damaligen großen Sterbens und einer kaum geahnten Sehnsucht nach dem Weibe erzeugt hatte, nur gesprochen, um dich es mitfühlen zu lassen, wie tief der Anblick der Fremden mich erregen, wie eigen und innig eine Ehe mit ihr sich gestalten müßte; denn wenn es für unser Leben etwas Ewiges geben soll, so sind es die Erschütterungen, die wir in der Jugend empfangen haben. Sonst freilich war es eben nichts Außerordentliches, daß ich einmal einem Weibe begegnete, welches mich so lebhaft an meine Traumgestalt erinnerte, daß ich im ersten Augenblick und noch in manchen späteren beide nicht voneinander zu trennen vermochte. Jedenfalls, auf mich hatte dieses erste Sehen einem elektrischen Schlage gleich gewirkt; und," fügte er leiser hinzu, „was wissen wir denn auch von diesen Dingen!

Ich will dich mit unserer Liebesgeschichte nicht aufhalten, Hans; du wirst es auch schon empfunden haben, es kam so und mußte so kommen, daß Else oder Elsi, wie sie genannt wurde, und ich uns nach wenigen Monaten verlobten und etwas später zur Freude unserer trefflichen Freunde unsere stille Hochzeit in ihrem Hause feierten."

Der Erzähler schwieg eine Weile; auf seinem Antlitz war ein Lächeln, als blicke er in eine selige

Vergangenheit. „Ich hatte nun mein Nachtgespenst geheirathet," begann er wieder, fast wie traumredend; „es war ein Glück! — oh, ein Glück! — — Ich hatte einst den Fouqué'schen Ritter Huldbrand beneidet, wie er mit einer Undine seine Brautnacht feiert; ich hatte nicht gedacht, daß dergleichen unter Menschen möglich sei.

Lache mich nur aus, Hans! Was soll ich dir sagen? Mein Glück ging über jeden Traum hinaus. — Es war so manches Eigene, Fremdartige an ihr, das mich im ersten Augenblick verwirrte und mich zugleich entzückte; ich hatte ja auch nichts Anderes erwartet.

In unserem Garten — ich hatte längst mein eigenes Haus — waren weite Gänge zwischen schon hochgewachsenen Tannen und anderem Gesträuch; dazwischen Rasenplätze mit Einschnitten, in denen, je zu ihrer Zeit, die Frühlingsblumen und im Hochsommer Rosen und Levkojen blühten und den Garten mit Duft erfüllten. Hier pflegte ich nach Rückkehr von meinen Berufsgängen sie oftmals aufzusuchen, und so geschah es auch an einem schönen Vormittage gegen Ende des April, des ersten Frühlingsmonats, den wir miteinander lebten. Ich fand sie, da sie eben, langsam schreitend, einen der längsten Tannengänge hinaufkam; aber da wir uns Aug in Auge trafen, sah ich, daß sie mir entgegenfliegen wolle.

‚Halt, Elsi!‘ rief ich und erhob abwehrend meine Hand; ‚geh langsam, ein Schmetterling, ein Pfauenauge, sitzt in deinem Haar; du trägst den ersten Frühlingsboten!‘

‚Ja,‘ sagte sie, ‚die kommen gern; aber sie sind so furchtsam nicht.‘ Sie mäßigte gleichwohl ihren Schritt und kam mir langsam entgegen, indeß der Papillon auf ihrem blonden Scheitel behaglich seine schönen Flügel hob und senkte. Und jetzt erst sah ich, auch unsere junge schneeweiße Katze, die sie eines Abends im Schnupftuch von Frau Käthe heimgebracht hatte, war in ihrem Gefolge; zierlich eins ums andre die Pfötchen hebend, ging sie dicht hinter ihrer Herrin, das Köpfchen aufreckend und bei jedem Schritte ihr auf die kurze Schleppe ihres Kleides tretend. Ein Märchenbild; das Seltsame war nur, daß es in einer Reihe von Tagen sich ganz in derselben Weise wiederholte.

‚Was machst du für Faxen, Elsi!‘ rief ich endlich

lachend; „bist du eine Undine, eine Elbe, eine Fee? Was bist du eigentlich?"

„Und das weißt du noch nicht?" frug sie, und der Strahl der grauen Augen zitterte in den meinen.

Ich schüttelte den Kopf: „Du bist so unergründlich!"

Da flog sie in meine Arme: „Dein bin ich; nichts als dein! Weißt du es nun?"

Ich hielt sie fest: „Ich weiß es," sagte ich.

Aber der Schmetterling aus ihren Haaren war davongegaukelt; nur die Katze, das Thier der Freya, der Göttin des häuslichen Glückes, blieb in unserer Nähe.

— — Es war nicht lange nachher, als wir Beide eines Abends im Gartensaal unserer Freunde am Theetische saßen. Frau Käthe hatte gleich bei unserem Eintritt einen mütterlichen Blick auf mich geworfen und mir einen besonders bequemen Lehnstuhl angewiesen, was ich dankend annahm, da ich mich heute mehr als sonst ermüdet fühlte. Wir plauderten; aber meine Worte fielen etwas sparsamer als gewöhnlich. „Du hast wohl einen strammen Tag gehabt!" sagte Freund Lenthe; aber bevor ich antworten konnte, war meine Frau bei mir und legte beide Arme um meinen

Nacken: ‚Franz, dir fehlt etwas!' rief sie, und ihre Stimme klang, als ob sie zürne, daß mir, der nur ihr gehörte, von Anderen ein Leides angethan sein könne.

Ich strich sanft über ihren Scheitel: ‚Geh an deinen Platz, Elsi! Mir fehlt nichts; Niemand hat mich gekränkt!' Ich drückte ihr heimlich die Hand; da ging sie schweigend wieder zu ihrem Stuhl, aber mit rückgewandtem Haupte, und ihre erschreckten Augen hingen an den meinen.

‚Sieh mich nicht so sorgvoll an!' sagte ich; ‚was mich heute mehr als billig erregt hat, ist nur ein Fall aus meiner Praxis: unsere alte Grünzeughökerin, Mutter Hinze, die ihr Alle kennt, ich möchte sagen, sie leidet mehr, als ein Mensch ertragen kann; ich war zuletzt noch eine volle Stunde bei ihr; und — ein Arzt ist am Ende doch auch nur ein Mensch!'

‚Oh,' rief Elsi und hielt sich, wie zum Schutze, ihre beiden kleinen Hände vor den Mund, ‚ich könnte nicht, ich würd vor Mitleid sterben!'

‚Sie sollen auch nicht, liebe Frau!' sagte Leuthe lächelnd; ‚Sie sind kein Arzt; bei denen und den Advocaten pflegt die uns gleich überfallende Denkarbeit das Mitleid zu verzehren.'

‚Ja, Lenthe,' entgegnete ich, „aber auch das hat seine Grenzen; und übrigens ist es bei uns Aerzten auch noch ein Anderes als nur das Mitleid; wie oft flog es mir beim Anblick solcher Leiden durch den Kopf: Das ist menschlich, binnen heut und Kurzem kannst auch du so daliegen; es ist nur ein Spiegel, in dem du dich selber siehst! Aber das war es diesmal nicht!"

Lenthe sah mich fragend an.

„Glaub mir,' sagte ich, ‚ich sah nichts als die vergebens mit ihren Schmerzen ringende Alte, die mit ausgespreizten Händen in die Luft stieß und, als wolle sie sich Hülfe rufen, die Kiefer auseinander schlug, aber nichts hervorbrachte als so grauenhafte Laute, daß ich bis jetzt sie im Umkreis des Lebendigen nicht für möglich gehalten hätte.'

Als Lenthe mich um Näheres befragte, hatte ich mich ganz ihm zugewandt und theilte ihm noch Mehreres über diesen mich wissenschaftlich und menschlich beschäftigenden Fall mit. Da kam Frau Käthes Stimme wie vorsichtig zu mir herüber: ‚Doctor,' sprach sie, ‚Ihre Frau!'

Als ich aufblickte, sah ich Elsi bleich und mit geschlossenen Augen in den Armen ihrer Freundin. Ich ging zu ihnen, und da es nur eine leichte Ohnmacht war, so wurde sie bald beseitigt. Da sie sich wiedergefunden hatte, brachte sie hastig ihre Lippen an mein Ohr: ‚Verzeih mir, Franzl' flüsterte sie, ‚ich kämpfte, ich konnte nicht dagegen!' Ihre Augen begleiteten mich schmerzlich, als ich nach einer beschwichtigenden Liebkosung auf meinen Platz ging.

Aber die Behaglichkeit des Abends war gestört und wollte sich nicht wiederherstellen. Als wir früh nach Hause gingen, klammerte sich Elsi an meinen Arm und athmete stark, als ob sie in dem Halbdunkel der Gassen mir etwas bekennen oder anvertrauen wolle und doch nicht dazu kommen könne.

Ich wollte ihr zu Hülfe kommen, ich sagte: ‚Was fiel dir ein, Elsi, daß du nach deiner Ohnmacht mich um Verzeihung batest? Das hätte meine Bitte an dich sein sollen, da ich diese Schrecknisse in Frauengegenwart vorbrachte.'

Aber sie schüttelte den Kopf und lehnte sich nur fester an mich: ‚Nein, Franz, sprich nicht so; ich fühle eine Schuld; nicht weil s so ist, denn dafür kann ich nicht; nein, weil ich dir's nicht sagte, bevor ich des berühmten Arztes Frau wurde. Ich habe manchmal heimlich gezittert, daß es sich dir verrathen möchte, und du mußt es ja doch wissen. O Franz, ich bin ein feiges Geschöpf; aber mein Leib hat nie von Schmerz gelitten, so daß ich, wenn Andere klagten, mir oft als eine fast Begnadete erschienen bin; dafür aber bin ich mit einer Todesangst vor aller Körperqual behaftet. Als eine jüngere Schwester von mir geimpft werden sollte und ich den Arzt die Lanzette hervorholen sah, bin ich fortgelaufen und habe mich in einem Hinterhöfchen so tief zwischen alte Fässer versteckt, daß man erst spät am Abend mich dort auffand und halb todt vor Angst hervorzog; als du von unserer unglücklichen Alten sprachst, da war es plötzlich nicht mehr sie, ich war es selbst, in der die schaubervollen Schmerzen wühlten; oh!" und sie stand still und stöhnte, als ob das Gefühl ihr wiederkomme, ‚sollte in Wirklichkeit mir das bevorstehen,' rief sie, mich zum Fortgehen treibend, ‚ich weiß, ich glaube es bestimmt zu wissen, die Angst würde mich tödten, bevor die Qualen ihre Klammern in meinen armen Körper setzten!"

‚Möge das nie geschehen!" sagte ich und schlug den Arm um ihre Hüfte. ‚Aber was schiltst du deine

Feigheit! Die übermäßige Tapferkeit der Frauen war niemals meine Leidenschaft.'

Sie antwortete nicht darauf, als hätt ich nur um ihretwillen so gesprochen; sie sagte nur: ‚Nun weißt du es, Franz; liebst du mich noch?'

‚Nur um so mehr, Elsi, da ich dich auch hier zu schützen habe.'

Dann hatten wir unser Haus erreicht.

— — — Als ich am anderen Mittag in die Eßstube trat, kam mir Elsi ein wenig erregt, aber mit auffallend heiterem Angesicht entgegen.

‚Nun,' rief ich, ‚was hast du? Ist ein Glück in unser Haus gefallen?'

‚Ich habe nichts,' sagte sie, ‚oder — ich will nicht lügen — du darfst es noch nicht wissen!'

Ich hob drohend den Finger: ‚Weißt du schon nicht mehr, wie dich Geheimnisse drücken?'

‚Nein, Franz, so ist es nicht; um ein paar Tage sollst du Alles wissen! Vielleicht auch bin ich nur so froh, weil du gestern meine Schuld so liebreich von mir nahmst.'

‚Und statt des großen hast du nun glücklich ein kleines Geheimniß dir gewonnen; o, ihr Weiber!'

Sie faßte mich um den Hals: ‚Laß mich's behalten; nur die paar Tage noch!'

‚Nun,' sagte ich lachend, ‚du wirst schon wissen, wie weit meine Langmuth reicht!'

Da nickte sie mir zu: ‚Gewiß; ich will auch gnädig sein!'

— — Ein paar Tage waren hingegangen, und diese erregte Heiterkeit hatte mich jedesmal empfangen; ich glaubte nun bald dort zu sein, wo das Siegel mir gebrochen werden sollte. Da ich aber eines Mittags ins Haus trat, fand ich Elsi weder im Wohn- noch im Eßzimmer, auch draußen nicht. Auf meine Frage an die Hausmagd wurde mir berichtet: ‚Frau Doctor sind unwohl und haben sich ins Bett gelegt; Frau Rechtsanwalt leisten ihr Gesellschaft.'

Ich lief schnell die Treppen hinauf nach unserem Schlafzimmer und sah beim Eintritt schon Frau Käthe an Elses Bette sitzen. ‚Ja, Doctor,' rief sie mir entgegen, ‚da liegt unser junger Uebermuth! Ich denk, Ihr Anblick wird sie wohl am schnellsten heilen.'

‚Den Uebermut,' sagte ich, ‚müssen Sie zuerst an meinem zaghaften Weibe entdeckt haben!'

‚Das wäre möglich, Doctor; aber haben Sie

Lateiner nicht ein Sprichwort, daß die Natur selbst mit der Furke nicht herauszutreiben sei?'

‚Nun, und?'

‚Und? — Ja, wart nur, Elsi,' unterbrach sie sich und ergriff deren beide Hände, die sie vom Bett aus mir entgegenstrecken wollte, ‚ich will es schon erzählen: Sie müssen nämlich wissen, Doctor, dies junge zarte Geschöpf ist seit jenem Ohnmachtsabend in unserem Hause an jedem Vormittage und — nicht wahr, Elsi? — hinter dem Rücken ihres ärztlichen Ehemannes bei jener schrecklichen Patientin, der alten Hinz, gewesen, um sie zu trösten, zu erquicken — vor Allem aber, um diesem Ehemann zu Liebe eine Radicalcur gegen die Weichheit ihrer eigenen Seele zu vollbringen; da hat nun aber die arme Alte heute ihren Anfall bekommen und diese Cur damit ihr vorschnelles Ende gefunden. Sehen Sie nun selber, wie Sie mit ein wenig Kunst und Liebe den Schaden heilen, den die Rache der Natur unserem Kinde zugefügt hat.'

Ich hatte mich indessen auf den Rand des Bettes gesetzt; ich sah, daß Elsi stark geweint hatte; und ihr Puls schlug wie im Fieber. Sie legte ihre heiße

Stirn auf meine Hände: ‚Es ist so, Franz, wie Käthe es dir gesagt hat; und das ist die traurige Lösung meines Geheimnisses; ich wollt dir eine Freud machen, und es ist nun Trübsal.'

Ich suchte sie zu beruhigen, da sie wieder in Thränen ausbrechen wollte. ‚Du bist in die Gefahr hineingegangen,' sagte ich, ‚und das war Tapferkeit genug; was du mehr wolltest, lag außer deiner Kraft. Daß du es mir zu Liebe gewollt hast, dafür lieb ich dich um so mehr; aber versuchen wollen wir es nicht wieder. Bleib nur heute ruhig, so kannst du morgen schon das lateinische Sprichwort von der Furke lernen!"

Und Elsi lächelte mich dankbar an.

— — Den lateinischen Vers, ich meine des Horaz, lernte sie wirklich am anderen Tage schon, während wir Beide miteinander im Garten auf und ab wandelten; sie lernte ihn sogar auswendig.

‚Naturam expellas furca, tamen usque recurret. Siehst du,' sagte sie, ‚nun kann ich's auch!"

Nach diesem Scherze gab ich ihr Ersatz für die verlorene Liebesmühe; statt der endlich verstorbenen Mutter Hinze wies ich ihr eine Anzahl ungefährlicherer und doch gleich hülfsbedürftiger Kranken zu, an denen sie nun ihr Erbarmen übte. Und es ward ihr bald zu Stolz und Freude. ‚Aber Elsi,‘ rief ich eines Tages, da die Suppe eher auf den Tisch als sie ins Haus kam, ‚du läßt ja heut lange warten!‘

‚Ja, Franz,‘ und es klang wie eine amtliche Wichtigkeit aus ihren Worten; ‚ich habe auch drei kranken Kindern vorgelesen: Fanferlieschen Schönefüßchen, von den Bremer Stadtmusikanten und dann das wirklich wahre Märchen von Jorinde und Joringel!‘

‚Das ist ein Anderes,‘ sagte ich; ‚dann laß uns zu Tische gehen!‘ und ich nahm den lieben Arm in den meinen.

Nicht verschweigen will ich, daß Elsis neue Liebesmühen meinem Heilverfahren oft nicht unwesentlich zu Hülfe kamen.

\* \* \*

So waren drei Jahre etwa uns vergangen; schnell, wie das Glück es an sich hat. Immer wieder tauchte von Zeit zu Zeit von dem nur ihr so Eigenen auf; aber es war stets anmuthig, und wenn ich eben aus der nüchternen Welt zurückkam, so war mir oft, als stamme es aus anderen Existenzen.

So, als ich sie an einem sonnigen Octobermorgen zwischen unseren Tannen wandeln fand, wo sie, wie in ihr Werk versunken, die Fäden der über den Weg hängenden Herbstgespinnste auf ein zusammengelegtes Rosalärtchen wickelte und mir dabei, nicht einmal ihre Augen hebend, entgegenrief: ‚O bitte, Franz, geh doch den anderen Weg!' oder wenn sie mich bat, einer ungeheuren Kröte, die in unserem Garten ihre Höhle hatte, doch kein Leids geschehen zu lassen; denn wer wisse, was hinter jenen goldenen Augen stecke! Und einmal — ich hatte noch nie mit meiner Frau getanzt; ein Arzt wird Manchem abgewandt, auch wenn er es früher leidenschaftlich betrieben hat; einmal aber kam ein großer öffentlicher Ball, bei dem, wie ich meinte, auch wir Beide nicht fehlen durften. Die Damen der ganzen Stadt waren in Aufregung; in welche Thür mein ärztlicher Schritt mich führen mochte, überall sah ich Wollen weißer oder lichtfarbiger Stoffe auf den Tischen, und oftmals störte ich die heiligsten Toilettengespräche. — Nur in meinem Hause war nichts dergleichen; nicht einmal ein

Wort darüber hörte ich. ‚Nun, Elsi,' frug ich endlich, ‚willst du nicht auch beginnen?'

‚Ich? O, ich werde leicht fertig!'

— ‚Und brauchst du kein Geld dazu? Ich hab gesehen, daß unsere anderen Damen es nicht sparen!'

‚Wenn du mir geben willst: ich brauch nicht viel!'

Ich hatte vier doppelte Friedrichsdors vor ihr auf den Tisch gelegt, aber sie strich lächelnd drei davon in ihre Hand und gab sie mir zurück; dann nahm sie den letzten: ‚Der reicht,' sagte sie; ‚laß mich nur machen!'

Am Ballabend bat sie mich: ‚Franzele, du kleidest dich unten in deinem Zimmer an?'

‚Willst du uns scheiden, Elsi?'

‚Nur für ein Stündchen!'

— — Und es war noch nicht verflossen, da pochte ihr Finger schon an meine Thür. ‚Herein, holde Elfe!' rief ich, und da stand sie vor mir mit all ihren Toilettenkünsten; ich hatte nicht gedacht, daß sie so einfach waren. Ein möglichst schlichtes Kleid, lichtgrau, von einem weichen durchsichtigen Stoffe, ging bis zum Hals hinauf; als einziger Schmuck umgab ihn eine Schnur von echten Perlen, das einzige Angedenken von ihrer längst verstorbenen Mutter; über den Hüften umschloß ein silbern-brokatener Gürtel die schlanke Gestalt. Das war Alles — wenn du den blonden Knoten ihres seidenen Haares nicht rechnen willst, der das schöngeformte Haupt fast in den Nacken zog. Ich betrachtete sie lange, während ihre Augen zärtlich fragend nach den meinen suchten.

‚Ja, Elsi,‘ rief ich, und ich konnte es nicht lassen, sie stürmisch in meine Arme zu schließen, ‚du bist schön, zu schön fast für ein Menschenkind! Aber — ist das ein Ballanzug?‘

‚Ich weiß nicht,‘ sagte sie lächelnd; ‚ich hab mich nun so angezogen, und da du sagst, daß es schön ist …‘

‚Laß doch,‘ rief ich, ‚mir ist es recht; aber was werden die Damen sagen?‘

In diesem Augenblick hörte ich den Wagen vorfahren, und wir rollten nach dem Saal der Harmonie.

— — Es war eine der dem Arzte gewöhnlichen Mißschickungen, daß, noch bevor wir eingetreten waren, ein Bote mich im Vorsaal ereilte, welcher mich dringend zu einem meiner alten Patienten berief, der von einem Schlaganfall betroffen sei. Ich führte meine Frau sogleich in den Tanzsaal, zu unserer Frau Käthe, die ihr schon bei unserem Eintritt zugewinkt hatte; sie ließ einen hellen Blick über Elsis Gestalt schweifen: ‚Du bist apart,' flüsterte sie, ‚aber entzückend!' dann gab sie ihr Raum neben sich und machte sie mit ihrer einen Nachbarin bekannt, die meine Frau noch nicht gesehen hatte. Aber ich mußte fort; noch sah ich, wie die Weiber ihre Augen auf sie wandten, wie aus einem Haufen der Tänzer mit einer Kopfwendung oder leisem Fingerzeig auf sie gedeutet wurde und, da plötzlich die Tanzmusik einsetzte, mehrere derselben auf meine schöne Elbin zusteuerten; dann, nach einem hastigen Händedruck von ihr, ging ich in die kalte Nacht hinaus.

— Als ich spät, ich hörte hinter den Gassen schon die Hähne krähen, in den Tanzsaal zurückkehrte, flog Elsi mir entgegen: ‚Wo stand der Tod?' frug sie ernst, ‚zu Häupten oder am Fußende?'

‚Nach dem Märchen,' erwiderte ich, ‚stand er zu Häupten; der alte Herr ist diesmal noch vor ihm bewahrt. Aber du hast ja gar keine heißen Wangen, Elsi; hast du nicht viel getanzt?'

‚Gar nicht!" sagte sie.

‚Was sagst du? — Und weshalb denn nicht?'

‚Ich mochte doch nicht tanzen, indeß du mit dem Tode verkehrtest! Auch,' und sie hob sich zu meinem Ohr, während wir in der Tanzpause im Saale auf und ab gingen, und flüsterte: ‚weißt du, Franz, ich tanz nicht gern; wohl einmal so mit einer jungen Sechzehnjährigen; nicht mit Männern; sie tanzen so schwer, das macht mich krank!'

Da fiel die Musik ein, und der Saal ward plötzlich wieder lebendig. ‚Komm, Franz!' rief sie, ‚nun laß uns tanzen; es ist der letzte auf der Karte; da können die Anderen mich nicht mehr plagen!'

‚Aber du magst ja nicht mit Männern tanzen!'
— ‚O, wie du reden kannst! Ich bin ja dein!'

‚Und was sollen deine Abgewiesenen sagen?'
— ‚Ich weiß nicht. Wir wollen tanzen!'

Und wir tanzten miteinander; nur dies eine Mal in unserem Leben. Du weißt, Hans, ich war einst ein leidenschaftlicher Tänzer, und ich meine, auch kein ungeschickter; aber jetzt war mir, als würden meine Füße beflügelt, als ströme eine Kraft, die Kunst des Tanzes, von meinem Weibe auf mich über, und dennoch — mitunter befiel mich Furcht, als könne ich sie nicht halten, als müsse sie mir in Luft zergehen.

‚O, das war schön!' hauchte Elsi; ‚wie liebe ich dich, Franz!'

Ich ließ das Alles wie einen stillen Zauber über mich ergehen; denn — und das gehört wohl noch zu dem Bilde dieser Frau — der Haushalt ging des ungeachtet unter ihren Händen wie von selber; ja, ich habe nie gemerkt, daß überhaupt gehaushaltet wurde; es war, als ob die todten Dinge ihr gegenüber Sprache erhielten, als ob sie ihr zuriefen: ‚Hier in der Ecke steckt noch ein Häufchen Staub, hier ist ein Fleck, stell hier die Köchin, hier die Stubenmagd!' Es war wie im Märchen, wo es dem Kinde beim Gange durch den Zaubergarten aus den Apfelbäumen zuruft: ‚Pflück mich, ich bin reif!' — ‚Nein, ich noch reifer!' — Von der Wirthschaftsunruhe, an der so viele Ehen kranken, habe ich niemals was erfahren. Doch — ich habe weiter zu berichten, denn die Zeit des Glückes war nur kurz.

— — Es war an einem Maiabend unseres vierten Ehejahres, als ich von einer ermüdenden Praxis nach Haus zurückkehrte. Da es still und mild war, ging ich zunächst in den Garten, wo ich bei solchem Wetter und um diese Zeit meine Frau zu finden pflegte; ich ging die Steige durch die Tannen, zuletzt noch unten nach dem Rasen, der, wie wir schon im Herbst bemerkt hatten, ganz mit Veilchen durchsetzt war; aber die bescheidenen Blumen, die um Mittag den Platz mit Duft erfüllt hatten, waren in der herabsinkenden Abenddämmerung kaum noch sichtbar. Es war hier Alles leer; auch Else war nirgend zu sehen; und so wandte ich mich und ging wieder dem Hause zu. Als ich nach den beiden Fenstern unseres Wohnzimmers hinaufblickte, die hier hinaus im oberen Stocke lagen, sah ich, daß sie ganz von dunklem Abendroth wie überströmt waren; aber auch dort schien es einsam. Niemand schaute hinter ihnen zu mir hinab.

Unwillkürlich nahm ich meinen Weg dahin, nicht ahnend, welch ein befremdender Anblick mich erwartete. Als ich eintrat, sah ich Else mitten im Zimmer stehen; aber sie schien mich nicht bemerkt zu haben; und jetzt gewahrte ich es, sie stand ohne Regung, wie ein Bild, die linke Hand herabhängend, die rechte, wie beklommen, gegen die Brust gedrückt. Gleich einer

Verklärung lag der rothe Abendschein, der durch die Scheiben brach, auf den herabfließenden Falten ihres lichtgrauen Gewandes, auf dem feinen Profil ihres Angesichts, das sich klar von dem dunklen Hintergrund des Zimmers abhob.

Eine Weile konnte ich sie so betrachten, ohne daß mir die leiseste Bewegung ihres Körpers kund geworden wäre. „Elsi!" rief ich leise.

„Ja?" erwiderte sie wie traumredend; „ich komme!" Wie ein Erwachen schien es plötzlich ihre schlanken Glieder zu durchrinnen; sie rieb mit ihren weißen Händen bedächtig sich die Augen. „Ach du, Franz!" rief sie und lag im Augenblick in meinen Armen.

„Was war das, Elsi?" frug ich.

— „Ich weiß nicht. Was war es doch? — Ich meinte, ich sei bei dir, und ich war es nicht; und da rieffst du mich. — Aber du kommst aus deiner Praxis; du mußt jetzt ruhen!"

Sie hatte mich zu einem Lehnsessel gezogen, und als ich mich hineingesetzt hatte, kniete sie vor mir nieder und streckte die Arme mir entgegen. Ich war ermüdet, aber nicht so sehr, um nicht noch mit Entzücken auf den schöngeformten Kopf meines Weibes zu blicken; ich hatte ihre Hände in die meinen genommen, und so saßen wir, ohne zu sprechen; nur ihre lichtgrauen Augen sahen unabläſſig und immer forschender in die meinen. Es war seltsam, daß es mir — ich kann's nicht anders ausdrücken — unheimlich unter dieſem Blicke wurde; zugleich aber kam jener süße Schauder über mich, der mir damals von meinem Nachtgeſicht geblieben war.

‚Elſi,‘ sagte ich endlich, ‚was ſiehſt du so mich an?‘

Ich ſah, wie ſie zuſammenzuckte. ‚Soll ich das nicht?‘ frug ſie dann leiſe.

‚Deine Augen sind so geſpenſtiſch, Elſi!‘

Sie ſah mich bringender an: ‚Du!‘ ſagte ſie heimlich und verſtummte.

— ‚Was denn, geliebte Frau?‘

‚Du, Franz; wir müſſen uns früher schon geſehen haben!‘

Der Athem ſtand mir ſtill; aber ich ſagte nur: ‚Wir ſehen uns jetzt ſchon in das vierte Jahr; von früher weiß ich nichts.‘

Sie ſchüttelte ihren blonden Kopf: ‚Ich mein es ernſthaft; du sollſt keinen Scherz daraus machen! Nein, weit, viel weiter zurück — aber ich kann mich nicht entsinnen; es war vielleicht im Traum nur; ich muß noch ein halbes Kind gewesen sein.'

Es durchlief mich, ich bebte vor dem, was weiter kommen könne; aber ich faßte mich, und indem ich sie sanft zu mir hinaufzog, sagte ich: ‚Das ist so zwischen Liebesleuten; mir ist es auch wohl so gewesen, als hätten unsere Seelen sich gesucht, bevor noch unsere Leiber sich gefunden hatten; das ist ein alter Glaube, Elsi.'

Sie antwortete nicht; aber sie strickte ihre Arme fester um meinen Hals und drückte ihre Wange an die meine; ihre Augen suchte ich vergebens noch zu sehen; denn der Dämmerungsschein war erloschen, und durch das Fenster funkelte von fern der Abendstern. ‚Franz!' hauchte sie endlich.

— ‚Ja, Elsi?'

‚Halte mich fest, Franz! Noch fester! O, mir ist, als könnte man mich von dir reißen!'

Ich preßte sie heftig an mich; aber sie erhob schmerzlich lächelnd ihr Antlitz: ‚Es hilft dir nicht, Franz; wir müssen doch wieder voneinander!'

— — Als ich später in meinem Zimmer mit mir allein war, überkam mich ein Schrecken über

diesen halbvisionären Zustand; mit halben Gedanken
ging ich auf und ab; bald griff ich, als sollte mir
daraus eine Offenbarung werden, nach diesem oder
jenem medicinischen Buche, das unter den anderen
auf dem Regal stand, und setzte es, meist ohne es
nur aufgeschlagen zu haben, wieder an seinen Platz;
ich fühlte mich plötzlich unsicher gleich einem Neuling.
Da flog's mir durch den Kopf: wir hatten noch immer
kein Kind; eine Fehlgeburt war am Ende des ersten
Ehejahres gewesen und nicht ohne nachbleibende
Schwächen überwunden worden — wenn es das,
wenn es das erste Zeichen eines neuen Lebens
wäre! Der Keim eines solchen wirkt ja oft wunder-
bar genug in der jungen Mutter. Ich hatte bisher
die Kinder nicht vermißt; aber ich war mir wohl
bewußt gewesen, daß ich bereinst nach den Nicht-
geborenen so sehnsüchtig wie vergebens die Arme ausstrecken würde.

Und so beruhigte ich mich; ich beobachtete dann,
ich frug mein Weib; aber sie selber wußte von nichts;
ich glaube, sie hatte mich kaum verstanden. Und bald
sah auch ich, daß diese Hoffnung eine eitle gewesen
sei; außer einem leichteren Ermüden und einer ver-

mehrten Zärtlichkeit zu ihrem Manne bemerkte ich nichts Auffallendes an ihr.

Da eines Tages kamen Schmerzen; nur leichte, vor denen sie selber nicht erschrak; aber der Ort, wo sie hervortraten, wollte mir nicht gefallen. Sie hatte sich ins Bett gelegt, aber sie konnte am folgenden Tage wieder aufstehen. ‚Es war nichts, Franz,‘ sagte sie; ‚nur ein Anflug, und dann war's wohl meine Hasenangst vor Schmerzen!‘

Sie sagte das wohl und war wieder heiter und geschäftig; aber ein paar Wochen später, da ich Vormittags in meinem Zimmer bei der Impfliste saß, trat sie zu mir herein, blaß und mit verzagten Augen: ‚Ich muß doch wieder in meine Kissen,‘ sagte sie, ‚mir ist, als wenn mich Unheil treffen sollte.‘

Ich brachte sie nach unserem Schlafzimmer; ich suchte den Grund der sich bald, wenn auch gelinde, einstellenden Schmerzen; aber es wollte mir nicht gleich gelingen. Sie athmete tief auf: ‚Es wird schon besser!‘ flüsterte sie, und nach einiger Zeit: ‚Geh nur hinunter an deine Arbeit; es ist vorbei, du kannst mich ruhig liegen lassen!‘

Und so trieb sie mich fort; aber ich war unfähig,

selbst zu der geringfügigen Arbeit, die vor mir lag; eine Furcht vor einem Schreckniß, das sich mir vor Augen stellte, hatte mich ergriffen; ich wanderte rastlos auf und ab. Da wurde an meine Thür gepocht, und ich rief laut „Herein!" aber es war nur der Postbote, der Briefe und neue Bücher brachte, auch medicinische Zeitschriften, die von mir gehalten wurden, waren darunter. Ich warf die letzteren unangesehen in die große Schublade meines Schreibtisches, wohin sie sonst erst gelangten, nachdem ich das Wesentliche mir herausgelesen hatte.

Es trieb mich wieder hinauf zu meiner Frau. „Sind die Schmerzen wieder da, Elsi?" frug ich; denn an den Kissen sah ich, daß sie unruhig gelegen hatte.

„Ein wenig," sagte sie; „aber ich fürchte mich noch nicht!"

Doch mir konnte diese Antwort nicht genügen; und wieder glitt die tastende Hand, nicht des Gatten, sondern des Arztes, über den schönen jugendlichen Körper. Plötzlich — es war das erste Mal in meinem Berufe — begann meine Hand zu zittern, und Elsis große erschrockene Augen blitzten in die meinen:

‚Carcinoma,‘ sprach es in mir; es durchfuhr mich; wie kam das Entsetzliche zu meinem noch so jungen Weibe? Das Leiden galt derzeit in der Wissenschaft für absolut unheilbar; nach leis heranschleichenden, alles Menschliche überbietenden Qualen war stets der Tod das Ende. Ich kannte diese Krankheit sehr genau; und mit Schaudern gedachte ich des letzten grauenhaften Stadiums derselben.

Ich zog die Hand zurück; ich küßte mein armes Weib; dann suchte ich über Gleichgültiges mit ihr zu reden; aber sie lehnte schweigend den Ellenbogen auf den Rand des Bettes, den blassen Kopf in ihre Hand legend, und blickte durch das Zimmer wie ins Leere: ‚Ich kann's nur noch so schnell nicht fassen,‘ sagte sie, und die Worte kamen ihr fast tonlos von den Lippen; ‚so lang ich von mir weiß, habe ich gelebt und immer nur gelebt — nur vielleicht im Schlaf nicht — — doch ja, auch im Schlaf. — Du weißt es wohl, Franz, du weißt ja so viel: sag mir, wie ist denn der Tod?' Sie hatte die Augen zu mir erhoben und sah mich unruhig fragend an.

‚Möge er uns noch lange fern bleiben!' entgegnete ich; aber mir war die Kehle wie zugeschnürt.

‚Du antwortest mir nicht, Franzl' sprach sie wieder.

— ‚Warum soll ich dir darauf antworten? Was soll der Tod zwischen uns?'

Sie blickte mich durchdringend an, als wollte sie das Innerste meiner Seele lesen: ‚Der will mich!' sagte sie; ‚und bekenn es nur, auch du glaubst, daß ich sterben werde. Ich hab es deinen Augen angesehen!'

Ein Stöhnen wollte sich mir entringen, und in mir sprach es: Sterben? Nur sterben? O, armes Weib, du ahnst nicht, was es dir kosten wird! Laut aber sprach ich: ‚Du bist krank, Elsi, und wir müssen um deine Gesundheit kämpfen!'

Sie wurde todtenblaß: ‚Sag nur „um dein Leben", Franzl!'

‚Das kannst du in meinen Augen nicht gelesen haben.' — Ich mußte wohl, daß ich sie täuschte; vielleicht hat sie's gefühlt. Sie sprach nicht mehr; sie ergriff meine Hand und ließ sich in die Kissen sinken.

— — Meine äußersten Befürchtungen erfüllten sich; die Schmerzen traten stärker auf, und ich sah mein Weib in Todesqual sich winden, als sie noch nicht die Hälfte ihrer Höhe erreicht hatten.

Fürchte nicht, Hans," unterbrach sich mein Freund, „daß ich Schritt für Schritt mit dir an diesem Leiden entlang gehen werde; ich will dich auch mit ärztlicher Weisheit nicht quälen; es war eine jener Abdominalkrankheiten, die so viele Frauen, wenn auch meist erst in späterem Alter, hinraffen; und bald war der Gipfelpunkt erreicht, wo auch die kühnste Hoffnung sinken mußte.

Wie mit versteinertem Hirn saß ich eines Nachts an ihrem Bett — die Nächte bin ich allzeit allein bei ihr gewesen — ein furchtbarer Schauer war eben wieder einmal vorüber, und wie eine welke Blume lag sie mir im Arm, an meiner Brust; blutlos, ohne alle Schwere des Lebens. Ich wußte, das Beste, was bevorstehen konnte, war ein möglichst balder Tod; ich frug mich: Wie ist es möglich, daß sie noch immer lebt? Wie ein Irrsinn flog es mich an: Ist etwas in ihr, das sie nicht sterben läßt? Aber in mir, und fast höhnisch, sprach es: Du Thor, sie wird schon sterben können! Ein entsetzliches Selbstgespräch, Hans; denn ich liebte sie ja so grenzenlos, so wahnsinnig, daß ich auch jetzt, trotz meines vielgerühmten Scharfsinns, nicht lassen konnte, sie immer wieder über das Menschliche hinauszuheben. Nein, nein, es geht zum Ende! sprach ich zu mir selbst; ich lebte in mir durch, was kommen mußte — zuletzt blieb nur die Todtenstille und ein großes ödes Haus.

Da hörte ich meinen Namen rufen; ich schrak zusammen; und doch, es war nur ihre Stimme; eine kurze Ruhe, eine Erholung war ihr vergönnt gewesen; und es war nun, als ob ihre Augen sich mühten, liebevoll zu mir aufzublicken. ‚Franz,‘ sagte sie — aber ihre Worte kamen in abgerissenen Sätzen, auch ihre liebe Stimme hätte ich an fremdem Orte nicht erkannt — ‚Franz,‘ wiederholte sie, ‚scheint denn der Mond da draußen?‘

‚Ja, Elsi, sieh nur, durch das Südostfenster fällt es auch hier hinein!‘ Ich hob sie ein wenig an mir empor: ‚Siehst du es nun?‘

— ‚Ich sehe; o wie schön!‘

Ich hielt sie noch an mir, es war nicht unbequem für sie. ‚Franz,‘ begann sie wieder, ‚ich dachte nicht, dich wiederzusehen; als die Schmerzen von mir sanken, aber meine Augen noch geschlossen waren, fühlte ich es vor meinem Munde wehen; ich weiß, das war meine Seele, die den Leib verlassen wollte; aber mein Odem, der erwacht war, zog sie wieder zurück — o Franz, hab Erbarmen, ich kann das Furchtbare nicht noch einmal ertragen' — ich sah es, wie ein Schauder durch ihren Körper lief — ‚und du weißt es,' sprach sie wieder und es klang hart, ‚ich muß doch sterben! Erlöse mich! Du mußt es, Franz! Wenn es wiederkommt, dann ... Du darfst mich nicht tausend Tode sterben lassen!" Ihre Hände hatten sich erhoben und streichelten meine Wangen wie die eines flehenden Kindes.

‚Elsi!' schrie ich; ‚deine Worte rasen! Was dir so weh macht, das ist nicht der Tod, das ist das Leben!'

‚Das Leben, Franz? Es war so süß mit dir! Jetzt aber — —'

Ich wiegte langsam meinen Kopf; ich bat: ‚Sprich nicht mehr so, geliebte Elsi!'

Aber sie warf sich herum und rang ihre mageren Händchen: ‚Er will nicht!" schrie sie; ‚er will nicht! O Gott, so sei du mir endlich gnädig!'

Schon sah ich sie aufs Neue den unsichtbaren

Folterern verfallen, da fühlte ich, daß sie meinen Kopf zu sich herabzuziehen suchte, und als ich mich zu ihr beugte, sah ich in ihr altes geliebtes Antlitz. ‚Du,' sagte sie, und es war noch einmal der liebe Ton aus vergangenen Tagen, ‚glaubst du, daß die Todten von den Lebenden getrennt sind? O nein, das ist nicht. Solange du mich liebst, kann ich nicht von dir; du weißt, ich kann's ja gar nicht; nicht wahr, du weißt es? Ich bleibe bei dir, du hast mich noch; und wenn deine leiblichen Augen mich auch nicht sehen, was thut's, du trägst mein Bild ja in dir; du brauchst dich nicht zu fürchten! Küß mich, küß mich jetzt noch einmal, mein geliebter Mann; noch einmal deinen Mund auf meinen! — — So, nun nicht mehr! Nun, wenn es da ist, thu, warum ich dich gebeten habe! In dem kleinen Fache deines Schrankes — du hast ja Zaubertränke, daß der Leib ohne Zucken einschläft!'

So ging es fort; lange, bestrickend, verwirrend. O Hans, ich kann dir all die Worte nicht wiederholen; sie enthielten alle nur eine Bitte: die um den Tod von ihres Mannes Hand, der leider ein Arzt war."

Ich hatte in namenloser Spannung zugehört. „Und du, Franz?" rief ich.

„Ich, mein Freund?" entgegnete Franz. „Ich vermochte ihr nicht zu antworten; es war auch kaum, als ob sie das erwarte; ich umschloß sie nur immer fester mit meinen Armen; wenn ich es heut bedenke, mir ist, ich hätte sie erdrücken müssen. Aber ihre Worte kamen allmählich immer langsamer, und ich fühlte es plötzlich, ich hielt nur noch eine Schlafende in meinen Armen. Ich legte sie aufs Bett, und endlich schien der Morgen durch die Fenster; und als, noch in der Frühdämmerung, die Wärterin eintrat, ließ ich sie am Bette niedersitzen und ging, wie schon in mancher Frühe, in mein Zimmer hinab, wohin die Magd mein einsames Frühstück gestellt hatte."

— — Franz hatte sich zurückgelehnt, als sei ein Augenblick der Ruhe eingetreten; ich athmete tief auf; ein „Gott sei gedankt!" entfuhr mir.

Franz sah mich finster an. „Spar das füretst!" sagte er hart. „Ich bin noch nicht zu Ende.

Mein Weib hatte recht: in meinem Schranke war ein dreimal verschlossenes Fach; dreimal, denn der Hauch des Todes war darin geborgen. Ohne eine

Absicht, nur, als müsse es so sein, öffnete ich die Schlösser und nahm nach langer Musterung von den kleinen sorgfältig verschlossenen Krystallfläschchen, welche darin nebeneinander standen, das kleinste an mich; ebensolange hielt ich es gegen den Tag und betrachtete, ich kann nicht sagen, ob gedankenvoll oder gedankenlos, die wenigen wasserklaren Tropfen, welche kaum darin zu erkennen waren; ein Nichts, ein furchtbares Nichts. Dann steckte ich es zu mir; ich dachte mir noch kaum etwas dabei. Aber — — laß mich nichts von diesem Tage sagen! Was ich nie gekannt hatte, ich fühlte mein Herz unruhig werden, es schlug mir bis in den Hals hinauf; immer wieder fuhr meine Hand von außen an die Tasche, worin das Fläschchen steckte, als wolle sie sich versichern, ob es noch vorhanden sei; dann wieder, so winzig es war, kam mir die Empfindung, als sei es mir unbequem, als ob es mich drücke, und ich steckte es in die andere Tasche — o Hans, ich glaube heut, es war mein bös Gewissen, das mich drückte; aber daran dachte ich damals nicht. Ich hatte persönlich jeder Praxis für die nächste Zeit entsagt und Alles meinem Assistenten aufgeladen, der, so gut es gehen wollte, damit fertig wurde. Daher

frug Niemand nach mir; ich hatte nach außen hin
nichts zu thun. Aber was ich an Anderen sonst ge-
tadelt, ja gehaßt hatte, heute kam es über mich selbst:
ohne eigenen Willen und ohne das Maß der Einsicht
der Zukunft anzulegen, ließ ich mich den Dingen, die
da kommen würden, entgegentreiben; mit Gewalt nur
unterdrückte ich meine kaum zu dämpfende Erkenntniß.
Du glaubst mir, daß ich dabei keine Ruhe fand; bald
war ich im Garten, bald am Bette meiner Frau;
dann wieder unten in meinem Zimmer. Endlich —
endlich neigte sich der lange Tag; die Schatten fielen.

Ich ging in unser Schlafgemach, wo Elsi noch ihr
Lager hatte und es auch behielt; die Wärterin stand
an ihrem Bette und ordnete ihr blondes Haar, das
bei der Unruhe der Kranken sich verwirrt hatte; aber
bei meinem Eintritt warf Elsi ihr Haupt herum und
wandte ihr schönes Leidensantlitz zu mir. ‚Es ist
gut, Frau Jans! Lassen Sie nur!‘ sagte sie hastig,
und dann zu mir: ‚Bleib bei mir, Franz! Du —
aber ganz allein!‘ und sah mich mit ihren wie in
schmerzlichem Abschied glänzenden Augen an.

Die Wartefrau hatte ein krankes Kind zu Haus;
ich sandte sie fort bis auf die gewohnte Morgen-

stunde. — Als wir allein waren, setzte ich mich, wie ich pflegte, auf den Rand des Bettes und nahm ihr Haupt an meine Brust. Sie drückte sich sanft an mich heran: „O Franz, wie ist es gut, bei dir zu sein!" Wir sprachen nicht; es war noch eine lange, glückliche Stunde; auch mein Herz begann wieder ruhig zu schlagen.

Da schrie sie plötzlich auf; wie von Dämonen, die aber kein sterblich Auge sah, fühlte sie ihren Leib in meinen Armen geschüttelt; mir war's, als wollten sie die Seele heraus haben und als könnten sie es nicht. „Franz, o Franz!" Das war noch ein letztes Wort; dann versagte ihr die Stimme, selbst der erlösende Schrei zerbrach vor den zusammengebissenen Zähnen. Da warf sie mit Gewalt ihr Haupt empor — ich habe nirgend sonst, nie ein so von Qual verzerrtes Menschenantlitz gesehen; nur aus den Augen, und flüchtig wie ein schießender Stern, traf jetzt ein Blick noch in die meinen — ein Blick zum Rande voll von Verzweiflung und heißer verlangender Bitte. Sie mühte sich, ein Wort zu sagen; sie konnte es nicht, und die Anfälle kamen immer wieder. Ich war wie niedergeworfen von all den holden

Geistern des Lebens: Liebe, Mitleid und Erbarmen
waren dem Hülflosen zu furchtbaren Dämonen geworden; mir war, ich sei ein Nichts und nur bestimmt,
das Elend anzuschauen; da — fühlte ich plötzlich,
daß ich das Fläschchen in meiner linken Hand hatte.
Es durchfuhr mich; ich hatte mein Weib noch immer
in den Armen. Dann kam ein Augenblick …"

Der Erzähler stockte. „Franz," schrie ich, „Franz,
du hast dein Weib getödtet!"

Er hob die Hand: „Still!" sagte er; „ich will
das Wort nicht scheuen: ich habe sie getödtet. Aber
damals erschreckte es mich nicht; ging doch das Leid
zu Ende! Ich fühlte, wie das junge Haupt an meine
Brust herabsank, wie die Schmerzen sanken; noch einmal wandte sich ihr Antlitz, und — es mag ja Täuschung gewesen sein; mir aber war es, als säh ich in
das Antlitz meines Nachtgesichts, wie es einstmals
verschwindend von mir Abschied nahm; jenes und
meines Weibes Züge waren mir in diesem Augenblicke eins.

Die Zeit meiner Jugend überkam mich; das
Abendroth brach durch die Scheiben und überfluthete
sanft die Sterbende und Alles um sie her. Und nun

jenes hörbare Athmen, das ich bei Anderen nur zu oft gehört hatte; ich neigte mein Ohr an ihre Lippen; es war keine Täuschung, und noch in meiner letzten Stunde werd ich es hören: „Dank, Franz!" — dann streckten diese jungen Glieder sich zum letzten Mal."

Franz schwieg; er hatte schon vorher seinen Sophaplatz verlassen und sich einen Stuhl mir gegenüber hergeschoben. Ich hörte, wie in einem Bann befangen; aber ich unterbrach ihn nicht mehr, ich wartete geduldig.

„Wie lange ich so gesessen," begann er nach einer Weile wieder, „die Todte in meinen Armen, weiß ich nicht; nur eines entsinne ich mich: es mag noch vor dem Dunkelwerden gewesen sein, da war mir, als höre ich aus dem anstoßenden Wohnzimmer leise Schritte über den Teppich gegen unsere Thür kommen; als sie sich ohne Anpochen öffnete, sieht unserer Freundin, Frau Käthes, theilnehmendes Antlitz in das Zimmer; sie pflegte jeden Nachmittag der Kranken Trost und Erquickung zu bringen. Aber diesmal kam sie nicht; ich sah plötzlich, daß die Thür wieder geschlossen war, und hörte ein herzbrechendes Schluchzen durch das Wohnzimmer sich entfernen. Die Gruppe,

welche der Lebendige und die Todte mit einander
machten, hatte ihr die Vernichtung meines Hauses
kund gethan.

Ich saß noch lange ohne Regung; dann aber, als
ich fühlte, daß es dunkel um mich her war und nur
der Mondstreifen, welcher noch gestern Elsis lebendiges
Herz erfreut hatte, wieder durch das Südostfenster
hereinfiel, ließ ich den Leichnam aus meinen Armen
auf das Bett sinken und verließ das Zimmer, das
ich hinter mir verschloß. Mir ist noch genau erinnerlich, daß ich das Gefühl hatte, als ob ich auf Stelzen
gehe, als seien meine Glieder nicht die meinen. So
befand ich mich nach kurzer Zeit im Garten; mir
war, als müßte sie dort sein, da sie nicht mehr im
Hause war. Ich ging zwischen den Rasen, zwischen
den Tannen; bald im Schatten, bald fiel das Mondlicht auf die Steige; mitunter fuhr ein Nachtwind
auf und führte eine Schaar von fallenden Blättern
durch die Luft; weiße Scheine lagen hier und da auf
Bänken oder Büschen; aber von ihr war keine Spur,
eine todtenstille Einsamkeit war auch hier um mich
herum. Mich schauerte, als ich laut und dann noch
einmal ihren Namen rief. Ich wollte, ich mußte

noch eine Lebensäußerung von ihr haben; für das, was ich ihr gethan hatte, waren auch ihre letzten Worte mir nicht genug. Ich stand und hielt den Athem an, um auch den kleinsten Laut nicht zu verlieren; aber nichts kam zurück, nichts, was ich mit den Sinnen fassen konnte; was ich besessen hatte — das hatte ich gehabt, das war im sicheren Lande der Vergangenheit; das Sausen in den Tannen, der dumpfe Rabenschrei, der aus der Luft herabscholl, gehörten nicht dazu. Da — ich entsinne mich dessen noch deutlich — fühlte ich etwas um meine Füße streichen, sich leise an mich drängen. Als ich hinabblickte, sah ich, daß es die arme weiße Katze war; sie ringelte den Schwanz und mauzte kläglich zu mir herauf. „Suchst du sie auch?" sagte ich. Dann hob ich das Thier auf meinen Arm und ging mit ihm dem Hause zu.

Die Nacht saß ich bei ihr, die ich getödtet hatte; keine Lampe brannte; es war ganz finster in dem Zimmer; in meiner Hand hielt ich eine andere; sie war schon kalt, sie wurde immer kälter, ich konnte es nicht ändern, und als es Morgen wurde, fühlte ich es bis ins Herz hinein. Da kam mir der Gedanke, ob denn der Tod nicht ansteckend sei; aber es war nicht; es war überhaupt auch sonst nichts, gar nichts; nur ihr geliebtes Haupt lag still und friedlich auf dem Kissen."

\* \* \*

Mein Freund war aufgestanden und sah wie abwesend aus dem Fenster in den traurigen Hof hinaus, nicht achtend, daß die Dohle wieder mit ihren schwarzen Flügeln gegen die Scheiben schlug. Aber ihr Krächzen nach neuem Futter war diesmal umsonst; ihr Herr setzte sich mir wieder gegenüber und sah mich lange an, als ob er mich bemitleide.

"Armer Hans," begann er dann aufs Neue, "mein Bericht ist auch jetzt noch nicht am Ende, denn ich selbst bin noch immer übrig, und im Herbste jährt es sich zum dritten Male, seit das geschah, was ich dir erzählt habe.

— — Elsi war begraben; die Kirchhofserde bedeckte den furchtbaren Proceß, den die Natur einmal an Allem übt, das sie einst selbst hervorgebracht hatte. Wie mir zu Muthe war? — Von Laien war mir oft gesagt, daß sie einen starken Seelenschmerz an einer bestimmten Stelle ihres Körpers nachempfänden, und es ist ein Korn Wahrheit in diesen Worten; bei mir aber war es nur ein dumpfer Schreck, der sich eingenistet hatte, wo andere den Schmerz um ihre Todten zu empfinden meinten — und, wenn du willst, so ist das noch heut mein körperliches Leiden. Ich sagte mir wohl, es sei jetzt Zeit, meine Praxis wieder aufzunehmen, die sonst mir selber vorbehaltenen Kranken wieder zu besuchen, zumal ich sah, daß mein junger Gehülfe es nur auf Kosten seiner Gesundheit fertig brachte. Aber eine panische Furcht ergriff mich, wenn mir der Gedanke kam; ich scheute mich vor den Menschen, ich vermied sie und lebte wie ein Einsiedler eine Woche nach der anderen, nur in meinem Haus und Garten; in letzterem selbst dann noch, als der Winter ihn mit Reif und Schnee beladen hatte. Und Niemand störte mich in dieser Vereinsamung; mein junger Mann that schweigend seine Pflicht, weit mehr als dies; meine alten Patienten mochten Mitleid mit mir haben und auch wohl denken, der Doctor stehe doch unsichtbar hinter seinem Assistenten; einzelnen der jungen Frauen oder Mädchen mochte auch vielleicht der hübsche Junge zusagen; wenigstens holte er sich gleich darauf aus diesen Kreisen eine Braut.

Da aber mußte es geschehen, daß eine arge Seuche auf die Stadt und zumal auf unsere Jugend fiel; ein altes Uebel, das aber nach manchen Jahren jetzt wieder auftauchte. Bei Beginn desselben war es, daß eines Morgens der Finger meines jungen Hausgenossen bescheiden an die Thür meines Zimmers pochte.

‚Ich möchte nicht stören, Herr Doctor,‘ sagte er bei seinem Eintritt; ‚aber Sie werden es auch selbst wünschen, daß wir in der Behandlung dieser unerwarteten Krankheit übereinstimmen.‘

Ich sah ihn überrascht an; ich wußte nichts von einer neuen Krankheit.

‚Verzeihen Sie,‘ sagte der junge Mann verlegen, indem er den nach allerlei mitspielenden Nerven construirten Namen nannte, ‚mir ist sie bisher in praxi noch unbekannt geblieben; sie ist plötzlich hier erschienen, und es sind schon Todesfälle nach kürzestem Verlaufe vorgekommen.‘

Ich wußte zwar von dieser Krankheit, aber auch mir war sie weder auf Universitäten noch später vorgekommen; sie war heillos in der Schnelligkeit, womit sie ihre Opfer packte. Ich raffte mich zusammen, wir verhandelten, wir lasen, zumal auch in den älteren Praktikern, die aus ihrer Zeit das Uebel durch Erfahrung kannten und deren feine Beobachtung bei geringen Hülfsmitteln mir immer Achtung eingeflößt hatte. So kamen wir zu bestimmten Schlüssen und zur Feststellung eines einzuschlagenden Verfahrens. Als er sich entfernen wollte, sah ich ihn zum ersten Male voll ins Antlitz. „Aber was ist Ihnen?" frug ich; „sind Sie krank?"

Er schüttelte den Kopf: „Das ist nur von der Nachtunruhe in den letzten Tagen.".

Ich streckte ihm erschrocken meine Hand entgegen: „So verzeihen Sie mir, daß ich über die Todte den Lebenden vergessen habe."

Aber ihm sprangen die Thränen aus den Augen: „Verzeihen?" stammelte er; „ich selber kann Ihre Todte nicht vergessen, wie sollten Sie es können!"

Der brave Junge; Elsi war immer wie eine Schwester gegen ihn gewesen; und — wenn er meine Praxis erbte, ich hätte nicht viel dagegen! — Nein," fügte er hinzu und streckte abwehrend seine Hand nach mir, „unterbrich mich nicht! Ich kann jetzt nicht davon reden. — —

Als mein Assistent sich entfernt hatte, fühlte ich eine Unruhe in mir, die mich dies und jenes anzufassen trieb; so kam ich auch über die Schublade, in der meine medicinischen Zeitschriften lagen. Es war ein ganzer Haufen, und ich begann die einzelnen Hefte nach ihrer Ordnung zusammenzusuchen; vielleicht dachte ich gar daran, sie zum Binden fortzuschicken; zugleich blätterte ich und las die Ueberschriften und den Beginn von einzelnen Artikeln. Da fielen meine Augen auf eine Mittheilung, die mit dem Namen einer unserer bedeutendsten Autoritäten als Verfasser bezeichnet war, eines Mannes, der sich nur selten gedruckt vernehmen ließ. Ich warf mich mit dem Heft aufs Sopha und begann zu lesen und las immer weiter, bis meine Hände flogen und ein Todesschreck mich einem Beifall gleich getroffen hatte. Der Verfasser schrieb über die Abbominalkrankheiten der Frauen, und bald las ich auf diesen Blättern die Krankheit meines Weibes, Schritt für Schritt, bis zu dem Gipfel, wo ich den zitternden Lebensfaden selbst durchschnitten hatte. Dann kam ein Satz, und wie mit glühenden Lettern hat er sich mir eingebrannt: „Man hat bisher" — so las ich zwei- und dreimal wieder — ‚dies Leiden für absolut tödtlich gehalten; ich aber bin im Stande, in Nachstehendem ein Verfahren mitzutheilen, wodurch es mir möglich wurde, von fünf Frauen drei dem Leben und ihrer Familie wiederzugeben.'

Das Uebrige las ich nicht; meine Augen flogen nur darüber hin. Es war auch so genug; der Verfasser jenes Satzes war mein akademischer Lehrer gewesen, zu dem ich damals, und auch jetzt noch, ein fast abergläubisches Vertrauen hatte.

Ich blätterte bis zu dem Umschlage des Heftes zurück und las noch einmal den Monatsnamen, der darauf gedruckt stand; es war unzweifelhaft dasselbe, welches ich vierzehn Tage vor Elsis Tod dem Postboten abgenommen und dann ahnungslos in die Schublade geworfen hatte. — Lange lag ich, ohne die auf mich eindringenden Gedanken fassen zu können. Er hat es gesagt! — das ging zuerst in meinem Kopf herum; er ist kein Schwindler, auch kein Renommist. — — ‚Mörder!' sprach ich zu mir selbst, ‚o allweiser Mörder!'

Wo ich an dem Rest des Tages mich befand, wie er zu Ende ging, ich kann es dir nicht sagen. Es war am Ende eine alltägliche Geschichte; man konnte sie alle Monat und noch öfter in den Zeitungen lesen: ein Mann hatte Weib und Kinder, ein Weib hatte ihre Kinder umgebracht; verzweifelnde Liebe hatte ihre wie meine Hand geführt. Aber ich hatte in meinem Hochmuth diese Väter und Mütter bisher verachtet, ja gehaßt; denn das Leben, dem gegenüber sie verzagten, mußte trotz alledem bestanden werden; sie waren feige gewesen, und ich gönnte ihnen Beil und Block, dem sie verfallen waren; ich selbst, ich hatte nur nachgedrückt auf die Sense des Todes, die ich mit der Hand zu fühlen glaubte, damit sie auf einmal tödte, nicht nur in grausamem Spiel zuvor erbarmungslos verwunde. Jetzt aber zeigte mir ein alter Lehrer, daß sie noch gar nicht vorhanden war und daß nur meine eigene gottverlassene Hand mein Weib getödtet hatte. — Glaub aber nicht, es sei mir in den Sinn gekommen, mich den Gerichten zu übergeben und nach dem Strafrecht mein Verbrechen abzubüßen; nein, Hans, ich bin ein zu guter Protestant; ich weiß zu wohl, weder Richter noch Priester können mich erlösen; mein war die That, und ich allein habe die Verantwortlichkeit dafür; soll eine Sühne sein, so muß ich sie selber finden. Ueberdies — bei dem furchtbaren Ernst, in dem ich lebte, erschien's mir wie ein Possenspiel, wenn ich mich auf dem Schafott dachte.

— — Zum Unglück, oder soll ich sagen zum Glück, trat an jenem Abend auch noch Freund Lenthe zu mir ins Zimmer, den ich seit dem Begräbniß nicht gesehen hatte. ‚Was treibst du?' rief er mir zu; ‚ich mußte doch endlich einmal nachsehen!'

Ich reichte ihm die Hand; aber als er in mein Gesicht sah, mochte er freilich wohl erschrecken. ‚Du siehst übel aus,' sagte er ernst, ‚als ob du dein Leben ganz der Todten hingegeben hättest. Das ist Frevel, Franz! Die Stadt draußen ist in Noth und Schrecken um ihre Söhne und Töchter, und du, der sonst der Helfer war, sperrst dich ab in deinem Hause und läßt von deinem eigenen Gram dich fressen!'

So fuhr er eine Weile fort; aber seine Reden gingen über mich weg; was er sprach, klang mir wie Unsinn, ‚Blech', wie wir zu sagen pflegten. Freilich, wer immer zu mir hätte reden mögen — es wär wohl ebenso gewesen; denn ich hatte das Verhältniß zu den Menschen verloren; mein Innerstes war eine

Welt für sich. — Als ich endlich sagte, daß ich mit meinem Assistenten am Nachmittage eine Conferenz gehalten, daß wir in dieser über die Behandlung der neuen Krankheit uns vereinbart hätten, wurde er ganz beruhigt. ‚Und nun komm mit zu uns,' sagte er, indem er seine Uhr zog, ‚zu meiner Frau und zu unserer Theestunde; da wirst du morgen frischer in die Praxis gehen!'

Mit seinen herzlichen Worten überwand er allmählich meinen Widerstand; ich folgte ihm mechanisch; als wir aber in das Haus traten, durchschütterte mich der Klang der Thürglocke, ich hätte fast gesagt, als läute das Armensünderglöcklein über mir; es war zum ersten Male, daß ich seit Elsis Sterben ihren Klang vernahm.

Wir gingen in die helle warme Stube, und ich hörte deutlich die Theemaschine sausen. ‚Gottlob, daß wir Sie endlich wiederhaben!' sagte Frau Käthe, herzlich mir entgegenkommend, und drückte meine Hand.

Ich nickte: ‚Ja, liebe Freundin, wir drei sind wiederum zusammen.'

‚O nein,' erwiderte die gute Frau, ‚so dürfen Sie nicht sprechen — die diese Zahl so lieblich einst durch

sich vermehrte, sie ist noch mitten unter uns; sie war
keine, die so leicht verschwindet.'

Ich setzte mich stumm auf meinen alten Sophaplatz; aber es war jetzt trübe auch im Haus der
Freunde; die Worte, die sie über Elsi sprachen, auch
die tiefempfundensten, und gerade die am meisten, sie
quälten mich; ich kam mir herzlos und undankbar
vor; aber ich konnte nichts darauf erwidern.

\*   \*   \*

Am anderen Tage war ich zum ersten Male
wieder in der Praxis und kassirte die entsetzlichen
Beileidsreden meiner Patienten ein, von denen einige
mich dazu mißtrauisch von der Seite ansahen, ob ich
denn noch ihnen würde helfen können. Der neuen
Krankheit traten wir mit Glück gegenüber, wenigstens
so unerwartet schnell, wie sie gekommen, so rasch war
die Epidemie nach einiger Zeit verschwunden.

— — Ich sagte dir schon, wenn wieder der Herbst
kommt, sind es drei Jahre seit Elsis Tod. Ich habe
aus diesem Zeitraum nur noch eines mitzutheilen; das
Uebrige ging so hin, ich that, was ich mußte oder
auch nicht lassen konnte, aber ohne Antheil oder wissen-

schaftlichen Eifer. Mein Ruf als Arzt, wie ich mit Erstaunen wahrnahm, war noch im Steigen.

Also vernimm noch dieses Eine; dann werden wir da sein, wo wir uns heut befinden."

„Sprich nur!" sagte ich, „ich kann jetzt Alles hören."

„Nein, Hans," erwiderte er, „es ist doch anders, als du denkst! — — Es mag vor reichlich einem Vierteljahr gewesen sein, als ich zu einer mir nur dem Namen nach bekannten Frau Etatsräthin Roden gerufen wurde; die Magd, die das bestellte, hatte hinzugefügt, gebeten werde, daß ich selber komme.

Da ich annahm, daß der Fall von einiger Bedeutung sei, ging ich kurz danach in das Haus, welches die verwittwete Dame allein mit einer Tochter bewohnte. Ein junges Mädchen von etwa achtzehn Jahren kam mir bei meinem Eintritt entgegen; frisch, aufrecht, ein Bild der Gesundheit. ‚Fräulein Roden?' frug ich aufs Gerathewohl; und sie nickte: ‚Hilda Roden!' fügte sie hinzu.

Dann stellte ich mich als Doctor Jebe vor.

‚O, wie gut von Ihnen,' rief sie, ‚daß Sie selber kommen!'

‚Glaubten Sie das nicht?‘

‚Ich wußte nicht, wie Sie es damit halten,‘ sprach sie; ‚aber nun freue ich mich; wir Frauen dürfen nicht zu viel verlangen!‘

— ‚Sind Sie so überaus bescheiden?‘ frug ich und blickte das hübsche Mädchen mit etwas festeren Augen an.

Ein leichtes Roth überzog secundenlang ihr Antlitz; sie schloß ihre weißen Zähne auf einander und schüttelte so lebhaft den Kopf, daß der dunkle Zopf, der ihr im Nacken hing, zu beiden Seiten flog; und dabei zuckte aus den braunen Augen, die je zur Seite des feinen Stumpfnäschens saßen, ein fast übermüthiges Leuchten. Doch war das nur für einen Augenblick. ‚O nein,‘ sagte sie plötzlich ernst; ‚ich wünschte nur so lebhaft, daß Sie selber kämen, und zitterte doch, Sie würden es nicht thun; denn meine Mutter, ich fürchte, sie ist recht krank!, und sie mußte doch den besten Arzt haben!‘

‚Vertrauen Sie diesem Arzte nicht zu sehr!‘ erwiderte ich.

‚O doch!‘ Und damit war sie fort; aber nach kurzer Weile, während ich, in meine Theilnahmlosig-

leit zurückgefallen, das Muster der Tapete studirt
hatte, sah schon ihr junges Antlitz wieder durch die
geöffnete Thür des anliegenden Zimmers. ‚Meine
Mutter läßt bitten!' sprach sie.

Dann stand ich am Krankenbett. ‚Mein gutes
Kind,' sagte die noch fast jugendliche Dame, die den
Kopf aus ihren Kissen hob, ‚hat Sie selber her-
bemüht; doch hoffe ich, Sie werden das Uebel kleiner
finden als die Sorge meiner Tochter.'

Ich begann dann mein Examen, beschäftigte mich
näher mit der Kranken und fand am Ende, daß ich
dasselbe Leiden wie bei Elsi vor mir hatte. Und
gerade hier sollte ich es selber sein! — Eine Finsterniß schien über mich zu fallen, und wirre Gedanken,
wie ich mich losmachen und ferner dennoch meinen
Assistenten schicken könne, kreuzten durch meinen Kopf;
als ich dann aber in die erschreckten Augen der Tochter
sah, die unbemerkt mir näher getreten war, wurde
plötzlich Alles anders: ich allein, sagte ich mir, sei der
Arzt für diesen Fall, und mein Gehirn war nach
langer Zeit zum ersten Male im selben Augenblicke
schon beschäftigt, sich die Art der verzweifelten Cur
zurecht zu legen. Ob die Hülflosigkeit der Kindes-

liebe oder ob Anmuth und Jugend diese Sinnesänderung bewirkten, ich weiß es nicht.

Als ich mit dem jungen Mädchen wieder in das Wohnzimmer getreten war, sah ich ihre Erregung an dem Zittern ihrer Lippen. ‚Darf ich Sie fragen,‘ sagte sie stammelnd — ‚Ihre Augen wurden vorhin mit einem Male so finster — steht es so schlimm mit meiner Mutter?'

Ich besann mich einen Augenblick: ‚Es ist eben eine ernste Krankheit,‘ entgegnete ich; ‚aber was Sie in meinem Antlitz etwa gelesen haben, war nur ein Widerschein aus der eigenen Vergangenheit.'

Sie schien verwirrt zu werden: ‚Verzeihen Sie mir,‘ sagte sie, und ein flüchtiger Blick ihrer Augen traf in die meinen, ‚daß ich aufs Neue daran gerührt habe; man denkt bei dem Arzt nur zu selten daran, daß er auch selber leiden könne.'

Mir war, als flösse aus diesen einfachen Worten ein Strom von Mitleid zu mir herüber; so warm war ihre Stimme.

Ich ging unter dem Versprechen, mich am anderen Vormittag zeitig wieder einzustellen; halb in erneutem Weh, doch auch, als hauche mir ein milder

West ins Antlitz. Nicht ohne Scheu holte ich, zu Hause angekommen, das erwähnte Heft aus meiner Schublade und studirte den Artikel meines einstigen Lehrers. Das von dem Verfasser angewandte Verfahren bestand in einer Operation, die im Falle des Gelingens — das war einleuchtend — eine vollständige Heilung, aber widrigenfalls und, wie ich fürchtete, ebenso oft einen schnellen Tod würde bringen können; denn freilich, das erkrankte Organ mußte mit dem Messer völlig entfernt werden. Doch wie es immer sein mochte, ich durfte nicht zurückstehen! Der Tod — ich konnte nicht zweifeln — war ohne diese furchtbare Cur auch hier gewiß; auf der anderen Seite aber stand das Leben, und nur eine gütige Absicht der Natur wurde vernichtet, auf die es hier schon nicht mehr ankam. Das noch kräftige Alter meiner Patientin und ihre sonst günstige Organisation ermuthigten mich noch mehr. Ich war entschlossen, gleich am anderen Vormittage der Kranken diesen schweren und mir noch zweifelhaften Schritt zur Rettung vorzuschlagen.

Doch bevor ich dazu kam, am Morgen in der ersten Frühe schon, wurde ich zu der Etatsräthin gerufen. Ich fand die Tochter allein bei ihr; blaß, aber hoch aufgerichtet hielt sie die Mutter in ihren Armen; so hatte Elsi dereinst an meiner Brust gelegen. ‚Der Anfall ist vorüber,' sagte das Mädchen, indem sie die Kranke sanft auf ihre Kissen legte, um mir den Platz am Bette zu überlassen.

Sie hatte recht, und die Schmerzen mußten stark gewesen sein. ‚Aber wo ist Ihre Wärterin?' frug ich.

Ein Zucken flog um den Mund des Mädchens: ‚Ich denk, sie hat im ersten Schreck die Flucht ergriffen,' sagte sie; ‚sie wollte, ich weiß nicht was, aus ihrer Wohnung holen; aber sie wird nicht wiederkommen.'

— ‚Und da sind Sie allein geblieben?'

‚Ich blieb allein bei meiner Mutter; ich werde es auch späterhin schon können!'

Aber die Kranke hob sich auf in ihrem Bette: ‚Hör, Hilda,' sagte sie mit schwerer Stimme, ‚ich will, wenn ich gesund werde — und Gott und unser Doctor werden dazu helfen —, nicht gleich ein krankes Kind zu pflegen haben; helfen Sie mir, Herr Doctor; ich kenne den Eigensinn der Liebe in diesem jungen Kopfe.'

Ich beruhigte die Frau und versprach, dieser Liebe zum Trotz eine festere Wärterin zu besorgen; aber nur mit Mühe wurde der Opfermuth der Tochter besiegt. Ich verließ die Kranke für jetzt, mit dem Versprechen, am Nachmittage wieder nachzusehen, und war mit der Tochter dann allein im Wohnzimmer.

‚Fräulein Hilda,‘ sagte ich; ‚ich weiß jetzt, Sie sind stark; ich kann es Ihnen schon jetzt sagen, mit Ihrer Mutter werde ich heute Nachmittag reden, wenn sie von ihrer schlimmen Nacht sich etwas erholt hat —‘

Sie unterbrach mich und sah mich mit ihren großen Augen fast zornig an. ‚Was ist?‘ rief sie, ‚um Gottes willen, was haben Sie vor?‘

‚Sie müssen ruhig sein, Sie müssen mir helfen, Fräulein Hilda,‘ sagte ich; ‚so schwer es sein mag, ich weiß, Sie können es.‘ Und dann eröffnete ich ihr, welches Leid, welche Gefahr, doch auch welche Hoffnung für ihre Mutter da sei.

Sie stand athemlos, mit zitternden Lippen vor mir. Als ich ausgesprochen hatte, stürzte ein Strom von Thränen aus ihren Augen. ‚Muß es denn sein?‘ frug sie noch.

‚Es muß,‘ erwiderte ich.

Dann fühlte ich einen kräftigen Druck ihrer Hand in der meinen. ‚Ich vertraue Ihnen,‘ sagte das Mädchen; ‚Sie sind so gut; ich will auch nicht wieder weinen — ach, hilf uns, lieber Gott!‘

‚Ja, Hilda,‘ erwiderte ich, ‚möge er uns helfen; aber wir selber stehen doch in erster Reihe.‘

Sie ließ ihre Augen auf mir ruhen: ‚Kommen Sie nur heut Nachmittag,‘ sagte sie, ‚ich werde, was ich kann, für meine Mutter thun.‘

— — Als ich dann wiederkehrte, fand ich die neue Wärterin schon dort; Hilda saß am Bette ihrer Mutter; sie schienen bei meinem Eintritt von ernster und inniger Unterhaltung abzubrechen. Meine Kranke war sichtlich von einer neuen Erregung ergriffen; aber sie reichte mir ihre heiße Hand, und ich fühlte einen leisen Druck und sah ein schmerzliches Lächeln um ihren noch immer schönen Mund.

‚Ich bin durch Hilda schon von Allem unterrichtet,‘ sagte sie, ‚und bereit, mich dem, was Sie für nöthig achten, zu unterwerfen. Wenn hier der Tod ist und dort das Leben sein kann, so muß ich für mein Kind das Leben suchen, so schwer es zu erreichen sein mag.‘

Die Tochter hatte ihren Arm um die Mutter ge-

schlungen und drückte ihr braunes Köpfchen, wie um
es zu verbergen, gegen deren Nacken; nur ich mochte
es gesehen haben, daß ein paar große Thränen ihr
wie widerwillig aus den Augen sprangen.

Aber ich mußte ihr dankbar sein, sie hatte mir
die schwere Eröffnung abgenommen, und meine Kranke
hatte ich gefaßt gefunden. Ich will es kurz machen,
Hans — die furchtbare Operation ging einige Tage
später nach sorgfältigster Vorbereitung, unter Zuziehung meines Assistenten und eines besonders ge-
schickten jüngeren Arztes aus einer Nachbarstadt, nach
den Gesetzen unserer Wissenschaft vorüber; Hilda —
das hatte ich ausbedungen — durfte nicht zugegen
sein; aber in Allem, was sie außerdem zu leisten
hatte, war sie, wenn auch todtenblaß, das feste zu-
verlässige Mädchen, worauf ich gerechnet hatte.

Und so blieb es; unter ihrer zugleich liebevollen
und strengen Pflege ging die Heilung wider mein Erwarten und — trotz des furchtbaren Vergleiches —
ich kann dennoch sagen: zu meiner Freude, rasch von
Statten, so daß mir bald die Aussicht auf Genesung
sicher wurde und, bei dem rechtzeitigen Eingreifen,
auch die Furcht vor einem Rückfall immer mehr zurück-

trat. Von der Wärterin erfuhr ich freilich, daß Fräulein Hilda zwar noch ihre Schlafkammer oben im Hause habe, aber gegen die Nacht, wenn das Befinden der Mutter ihr das geringste Bedenken errege, von dem Stuhl an deren Bett nicht fortzubringen sei; die unruhigen Augen nach der Kranken, verbringe sie dort die Nacht in halbem Schlummer, und erst bei Anbruch des Morgens schleiche sie fröstelnd für ein Stündchen nach der eigenen Kammer.

Ich sah wohl, daß das Mädchen bleicher wurde, je mehr die Mutter sich erholte; und so eines Tages, als sie mich wieder aus dem Krankenzimmer geleitet hatte, faßte ich ihre Hand, und während ihre schönen verwachten Augen zu mir aufsahen, sprach ich und war selbst nicht ohne tiefere Bewegung: ‚Von heut an, Fräulein Hilda, sollen Sie ruhig in Ihrem Bette schlafen; ich stehe Ihnen dafür, Ihre Mutter ist gerettet.'

Wie durch ein Wunder erhellte sich bei diesen Worten ihr junges Antlitz; in Wahrheit, sie war plötzlich wunderschön geworden. ‚Gerettet?' frug sie noch halb im Zagen; ‚o Gott, gerettet!' — Dann noch ein paar tiefe Athemzüge, und ein entzückendes

Lachen, als ob's die Brust nicht bergen könne, brach
aus ihren Lippen. ‚Gerettet!' wiederholte sie noch
einmal. ‚O, Doctor, mir ist, als trüg ich plötzlich
einen Rosenkranz! Aber Sie' — und ihre Augen
sahen mich wie heftig flehend an — ‚gleich einer
Trauerkunde haben Sie die Himmelsbotschaft mir ver-
kündet! Und Sie haben mir das Leben — o, verstehen Sie es doch! das Leben meiner Mutter haben
Sie gerettet!'

Ich glaube fast, sie wollte mir zu Füßen sinken;
aber ich faßte ihre Hand: ‚Lassen Sie das, Hilda!'
sagte ich; ‚es hat wohl Jeder sein eigenes Geschick,
und was an Freude einmal hinzukommt, nimmt dessen
Farbe an!'

‚Ja, ja, ich weiß,' erwiderte sie, plötzlich still wer-
dend, ‚Sie haben Ihre Frau so sehr geliebt, und haben
sie verloren.'

‚Es war die Krankheit Ihrer Mutter,' fügte ich
hinzu; ‚ich vermochte sie nicht zu retten' — — nur
zu tödten! hätte ich fast hinzugesetzt; denn mich überkam ein fast unabweisbarer Drang, diesem jungen
Wesen meine Seele preiszugeben; ihr Alles, was mich
zu Boden drückte, bloßzulegen, so wie ich es heute

vor dir gethan habe. — Aber ich bezwang mich; sie hätte darunter zusammenbrechen müssen.

Die Augen voll Thränen, mir beide Hände hingegeben, stand sie vor mir. ‚Es thut mir so leid, daß Sie nicht froh sein können,' stammelte sie endlich.

Ich schüttelte den Kopf: ‚Ich danke Ihnen, Hilda!' sagte ich; dann ging ich fort. Ich habe sie seitdem nicht wiedergesehen.

— — Am Abend saß ich bei den Freunden Lenthes, und, wie so oft, wandte sich das Gespräch darauf, wie meinem unverhehlbar trüben Zustand wieder aufzuhelfen sei. ‚Täusche dich nicht, Franz,' sagte der Freund, ‚als ob die Begier nach Leben in dir erloschen wäre; du mußt trotz alledem wieder heirathen und dein Haus aufs Neue bauen!'

‚Ich bin zu alt geworden, Wilm,' erwiderte ich abwehrend.

— ‚Ei was! Du hast nur deine Jugend mit Kirchhofsrasen zugedeckt; wenn du ein Weib hast, tragt ihr sie mit einander wieder ab!'

‚Am Ende,' sagte ich wie scherzend, ‚habt ihr meine Künftige schon hinter einem Vorhang? Wer sollte mich denn heirathen?'

Frau Käthe sah mich halb schelmisch, halb zaghaft an. „Hilda Roden?" frug sie leise. „Oder hab ich fehl gerathen?"

Es durchfuhr mich doch. „Was wissen Sie von Hilda Roden?" rief ich.

„O," erwiderte sie schon muthiger, „ich weiß von ihr; Sie würden keinen Korb bekommen; und sie ist gut, die Hilda!"

Und Lenthe nickte dazu: „Ueberhör nicht, was die weise Frau dir räth!" sagte er lächelnd.

Ich aber dachte: Jetzt wird es Zeit zu gehen! — Laut sagte ich: „Ich überhör es nicht und will thun, was danach geschehen muß. Jetzt aber — reden wir von anderen Dingen!"

\* \* \*

Bereits am anderen Tage sandte ich meinen Assistenten zur Etatsräthin, bei der übrigens ein täglicher Besuch schon kaum mehr nöthig war. Die junge hübsche Dame, meinte bei seiner Rückkunft der junge Mann, habe bei seinem Eintritt ihn so erschrocken angesehen, daß er schier darüber außer Fassung gekommen wäre. Ich will dir nicht verhehlen, Hans, daß bei diesen Worten sich mein Herz zusammenzog. Gleichwohl, nach drei weiteren Tagen, nachdem ich mein Haus bestellt hatte, nahm ich Abschied von den Freunden, die, da ich mit einer Hochzeit nichts zu thun haben wollte, auch mit dieser Badereise zufrieden waren, auf die sie, Gott weiß, welche Hoffnung setzten. — Und so, mein alter, mein ältester Freund," schloß er, mir seine Hand hinüberreichend, „sitze ich denn hier bei dir wie einst vor manchen Jahren; es ist mir wie ein Ring, der sich geschlossen hat."

Er hatte eine Weile geschwiegen; den Kopf geneigt, daß meine Augen auf sein ergrauendes Haar sahen, so saß er vor mir; dann begann er noch einmal, ohne aufzublicken: „Daß ich meiner Elsi den Tod gegeben, während ich nach dieser neuen Vorschrift vielleicht ihr Leben hätte erhalten können, das liegt nicht mehr auf mir; es ist ein Schwereres, an dem ich trage — so mühselig, daß ich, wäre es möglich, an den Rand der Erde laufen würde, um es in den leeren Himmelsraum hinabzuwerfen. Laß es dir sagen, Hans, es giebt etwas, von dem nur wenige Aerzte wissen; auch ich wußte nicht davon, obgleich ihr mich zum Arzt geboren glaubtet, bis ich daran zum Verbrecher wurde."

Er athmete tief auf. „Das ist die Heiligkeit des Lebens," sprach er. „Das Leben ist die Flamme, die über Allem leuchtet, in der die Welt ersteht und untergeht; nach dem Mysterium soll kein Mensch, kein Mann der Wissenschaft seine Hand ausstrecken, wenn er's nur thut im Dienst des Todes; denn sie wird ruchlos gleich der des Mörders!"

Ich ergriff seine Hand: „Schmähe dich nicht selber, Franz! Du hast auch so genug zu tragen!"

„Du hast recht," sagte er aufstehend; „es taugt auch nicht davon zu reden; nur die eine Frage ist zurück: Was nun?" Er war aufgestanden und ging im Zimmer hin und wieder.

„Die Lenthes," sagte ich, „haben dir ein derbes Mittel angerathen!"

„Für einen Unschuldigen," erwiderte er, „vielleicht nicht unrecht; und doch" — er war stehen geblieben — „pfui, pfui! Dies edle Geschöpf zum Mittel einer Heilung zu erniedrigen, es würde nur ein neues Verbrechen sein!"

Ich blickte aus dem Banne dieser furchtbaren Erzählung in dem Zimmer umher: von dem engen Hofe fiel schon die Dämmerung herein; es regnete braußen. „Laß uns ein Weiteres auf morgen sparen," sagte ich; „das Ungeheure, das ich gehört habe, verwirrt mich noch; ich komme morgen schon in der Frühe zu dir!"

Er nickte und reichte mir die Hand. „Thu das, Hans; und schlafe gesund, wenn dein treues Herz dich schlafen läßt!"

— — Ich ging und fand im Hotel meine alte Verwandte ungeduldig meiner harrend. „Wo bleibst du, Hans? Ich sitze hier schon stundenlang, die Hände im Schoß; und der Thee ist längst bitter!"

Meine Entschuldigung, daß ich einen alten Freund, mit hartem Schicksal beladen, wiedergefunden, wollte kaum verschlagen; ob aber der Thee bitter war, habe ich damals nicht geschmeckt.

\* \* \*

Nach einer freilich meist schlaflosen und in vergeblichem Sinnen verbrachten Nacht machte ich mich — es war doch schon gegen sieben Uhr geworden — zu meinem Freunde auf den Weg. Als ich in das Haus trat, sah ich, daß dessen Zimmerthür weit offen stand, und eine alte Magd schien drinnen aufzuräumen, als ob dort kein Bewohner mehr vorhanden sei; selbst die Fenster nach dem Hofe waren aufgesperrt.

„Ist denn der Herr Doctor schon ausgegangen?" frug ich näher tretend.

Aber das Frauenzimmer schlug mit gespreizter Hand einen Halbkreis durch die Luft: „Fortgefahren ist er, schon um vier Uhr; er kommt nit wieder!"

In meiner Bestürzung sah ich, wie einen Anhalt suchend, durch das Fenster auf den Hof und gewahrte dort die Dohle noch wie gestern auf dem Holunderbusche hucken. Die Magd hatte sich auf ihren Scheuerbesen gestemmt und schaute gleichfalls dahin. „Ja," sagte sie, „den ruppigen Vogel, den hat der Herr Doctor meiner Herrschaft hier gelassen!"

„Hatte die denn das Thier so gern?"

Die Alte schneuzte die Nase in ihren Schürzenzipfel; dann schüttelte sie grinsend ihren Kopf: „Aber eine Hand voll Gulden hat er drauf gegeben, der Herr Doctor, und gesagt, das sei das Kostgeld."

In diesem Augenblick gewahrte ich einen Brief mit meiner Adresse auf einem Tische liegen; es war die mir noch wohlbekannte Handschrift meines Freundes. Ich nahm ihn und sagte: „Der Brief ist an mich!"

Das Weib sah mich an: „Ja, wer sind's denn eigentlich?"

Ich nannte meinen Namen und fügte hinzu: „Habt Ihr mich nicht gesehen? Ich war doch gestern den ganzen Nachmittag bei dem Herrn Doctor!"

„Ach ja, da wird's scho richtig sein; wissen's, ich hätt nachher doch den Brief Ihnen sollen bringen."

So ging ich denn mit klopfenden Pulsen, aber wie mit einem gewonnenen Schatze in mein Hotelzimmer und las, was, wie ich jetzt glaube, Franz mir schon gestern hätte sagen können.

„Lebe wohl, mein Freund" — so schrieb er, und es dauerte eine Weile, bevor ich weiterlesen konnte — „wir werden uns nicht wiedersehen. Daß du zur rechten Zeit mich fandest, daß ich zu dir das Ungeheure von der Seele sprechen konnte, hat meinen Geist befreit: ich bin jetzt fest entschlossen; ich gehe fort, weit fort, für immer; nach Orten, wo mehr die Unwissenheit als Krankheit und Seuche den Tod der Menschen herbeiführt. Dort will ich in Demuth mit meiner Wissenschaft dem Leben dienen; ob mir dann selber Heilung oder nur der letzte Herzschlag bevorsteht, will ich dort erwarten. — Noch einmal lebe wohl, geliebter Freund!"

\* \* \*

Seitdem, fast dreißig Jahre lang, hörte ich nichts mehr von Franz Zebe; nur durch Lenthes, mit denen ich später in nähere Verbindung trat, daß sein Assistent wirklich das Erbe seiner Praxis angetreten habe, wozu Franz ihm aus der Ferne noch behülflich gewesen sei. Dann, im Herbste 1884, gelangte ein Schreiben aus Ostafrika an mich, dessen Adresse von einer mir fremden Hand war. Als ich es geöffnet hatte, fielen zwei Briefe heraus, der eine, leicht erkennbar, von der Hand meines längst verschollenen Freundes, der andere von der Feder, welche die Adresse an mich geschrieben hatte. Ich las diesen letzteren zuerst: er war nach der Unterschrift von einem Missionar:

"Gruß in Christo Jesu zuvor!

In der Nacht vom 16. Mai d. J. ist hier der stets hülfreiche und, obwohl er den rechten Weg des

Heils verschmähte, dennoch von der Liebe Gottes erfüllte Dr. med. Herr Franz Jebe unter meinen Gebeten zum wahren Gott-Schauen entschlafen; in Folge einer schweren Seuche, von der er zwar nicht befallen worden, deren treue Bekämpfung aber den ohnehin schon schwachen Rest seiner dem Dienste der Menschenliebe gewidmeten Kräfte aufgerieben hat.

Diese Nachricht an Sie, werther Herr, und die Uebersendung seiner Abschiedsworte habe ich ihm in seiner letzten Stunde zugesichert.

Möge der große Gott mit unserem Todten und auch mit Ihnen sein!"

Dann nahm ich den Brief meines Freundes:

„Noch einmal, Hans," so schrieb er, „greife ich nach deiner Hand und hoffe, du wirst die meine fassen können; nur ein Wort noch, damit du von mir wissest und meiner in Frieden gedenken mögest!

Ich habe ehrlich ausgehalten; mitunter nicht ohne Ungeduld, so daß mir die Gedanken kamen: Was bist du doch der Narr? Der Weg hinaus ist ja so leicht! — Aber ich hatte damals noch die Kraft, mich abzuwenden, daß ich an mir selber nicht zum Frevler würde. Jetzt endlich geht die Zeit der furchtbaren Einsamkeit, in der ich hier die zweite Hälfte meines Lebens hingebracht habe, ihrem Ende zu. Die Kräfte sinken rasch; ich wundere mich, daß ich noch lebe; zugleich aber sehe ich vor mir das Thor zur Freiheit von anderer, ich weiß nicht, von welcher Hand geöffnet — — o, meine Elsi! möchte es die deine sein!

Lebe wohl, Hans, mein Freund; ich fühl's, das Sterben kommt!"

— — So war sein Leiden denn zu Ende. — Ob eine solche Buße nöthig, ob es die rechte war, darüber mag ein Jeder nach seinem Inneren urtheilen; daß mein Freund ein ernster und ein rechter Mann gewesen ist, daran wird Niemand zweifeln.

# Der Schimmelreiter.

(1888.)

Meinem Sohn

## Ernst Storm,
Rechtsanwalt und Notar in Husum,

zugeeignet.

### Für binnenländische Leser.

Schlick, der graue Thon des Meerbodens, der bei der Ebbe bloßgelegt wird.

Marsch, dem Meere abgewonnenes Land, dessen Boden der festgewordene Schlick, der Klei, bildet.

Geest, das höhere Land im Gegensatz zur Marsch.

Haf, das Meer.

Fenne, ein durch Gräben eingehegtes Stück Marschland.

Springfluthen, die ersten nach Voll- und Neumond eintretenden Fluthen.

Werfte, zum Schutze gegen Wassergefahr aufgeworfener Erdhügel in der Marsch, worauf die Gebäude, auch wohl Dörfer liegen.

Hallig, kleine unbedeichte Insel.

Profil, das Bild des Deiches bei einem Quer- oder Längenschnitt.

Dossirung (oder Böschung), die Abfall-Linie des Deiches.

Interessenten, die wegen Landbesitz bei den Deichen interessirt sind.

Bestickung, Belegung und Bestickung mit Stroh bei frischen Deichstrecken.

Vorland, der Theil des Festlandes vor den Deichen.

Koog, ein durch Eindeichung dem Meere abgewonnener Landbezirk.

Priehl, Wasserlauf in den Watten und Außendeichen.

Watten, von der Fluth bespülte Schlick- und Sandstrecken an der Nordsee.

Demath, ein Landmaß in der Marsch.

Pesel, ein für außerordentliche Gelegenheiten bestimmtes Gemach, in den Marschen gewöhnlich neben der Wohnstube.

Lahnungen, Zäune von Buschwerk, die zur besseren Anschlickung vom Strande in die Watten hinausgesteckt werden.

Was ich zu berichten beabsichtige, ist mir vor reichlich einem halben Jahrhundert im Hause meiner Urgroßmutter, der alten Frau Senator Feddersen, kund geworden, während ich, an ihrem Lehnstuhl sitzend, mich mit dem Lesen eines in blaue Pappe eingebundenen Zeitschriftenheftes beschäftigte; ich vermag mich nicht mehr zu entsinnen, ob von den "Leipziger" oder von "Pappes Hamburger Lesefrüchten". Noch fühl ich es gleich einem Schauer, wie dabei die linde Hand der über Achtzigjährigen mitunter liebkosend über das Haupthaar ihres Urenkels hinglitt. Sie selbst und jene Zeit sind längst begraben; vergebens auch habe ich seitdem jenen Blättern nachgeforscht, und ich kann daher um so weniger weder die Wahrheit der Thatsachen verbürgen, als, wenn Jemand sie bestreiten wollte, dafür aufstehen; nur so viel kann ich versichern, daß ich sie seit jener Zeit, obwohl sie durch keinen äußeren Anlaß in mir aufs Neue belebt wurden, niemals aus dem Gedächtniß verloren habe."

\* \* \*

Es war im dritten Jahrzehnt unseres Jahrhunderts, an einem October-Nachmittag — so begann der damalige Erzähler —, als ich bei starkem Unwetter auf einem nordfriesischen Deich entlang ritt. Zur Linken hatte ich jetzt schon seit über einer Stunde die öde, bereits von allem Vieh geleerte Marsch, zur Rechten, und zwar in unbehaglichster Nähe, das Wattenmeer der Nordsee; zwar sollte man vom Deiche aus auf Halligen und Inseln sehen können; aber ich sah nichts als die gelbgrauen Wellen, die unaufhörlich wie mit Wuthgebrüll an den Deich hinaufschlugen und mitunter mich und das Pferd mit schmutzigem Schaum bespritzten; dahinter wüste Dämmerung, die Himmel und Erde nicht unterscheiden ließ; denn auch der halbe Mond, der jetzt in der Höhe stand, war meist von treibendem Wolkendunkel überzogen. Es war eiskalt; meine verklommenen Hände konnten kaum den Zügel halten, und ich verdachte es nicht den Krähen und Möven, die

sich fortwährend krächzend und gackernd vom Sturm
ins Land hineintreiben ließen. Die Nachtdämmerung
hatte begonnen, und schon konnte ich nicht mehr mit
Sicherheit die Hufe meines Pferdes erkennen; keine
Menschenseele war mir begegnet, ich hörte nichts als
das Geschrei der Vögel, wenn sie mich oder meine
treue Stute fast mit den langen Flügeln streiften,
und das Toben von Wind und Wasser. Ich leugne
nicht, ich wünschte mich mitunter in sicheres Quartier.

Das Wetter dauerte jetzt in den dritten Tag, und
ich hatte mich schon über Gebühr von einem mir besonders lieben Verwandten auf seinem Hofe halten
lassen, den er in einer der nördlicheren Harden besaß.
Heute aber ging es nicht länger; ich hatte Geschäfte
in der Stadt, die auch jetzt wohl noch ein paar
Stunden weit nach Süden vor mir lag, und trotz
aller Ueberredungskünste des Vetters und seiner lieben
Frau, trotz der schönen selbstgezogenen Perinette- und
Grand-Richard-Aepfel, die noch zu probiren waren,
am Nachmittag war ich davongeritten. „Wart nur,
bis du ans Meer kommst,“ hatte er noch aus seiner
Hausthür mir nachgerufen; „du kehrst noch wieder
um; dein Zimmer wird dir vorbehalten!"

Und wirklich, einen Augenblick, als eine schwarze Wolkenschicht es pechfinster um mich machte, und gleichzeitig die heulenden Böen mich sammt meiner Stute vom Deich herabzudrängen suchten, fuhr es mir wohl durch den Kopf: „Sei kein Narr! Kehr um und setz dich zu deinen Freunden ins warme Nest." Dann aber fiel's mir ein, der Weg zurück war wohl noch länger als der nach meinem Reiseziel; und so trabte ich weiter, den Kragen meines Mantels um die Ohren ziehend.

Jetzt aber kam auf dem Deiche etwas gegen mich heran; ich hörte nichts; aber immer deutlicher, wenn der halbe Mond ein karges Licht herabließ, glaubte ich eine dunkle Gestalt zu erkennen, und bald, da sie näher kam, sah ich es, sie saß auf einem Pferde, einem hochbeinigen hageren Schimmel; ein dunkler Mantel flatterte um ihre Schultern, und im Vorbeifliegen sahen mich zwei brennende Augen aus einem bleichen Antlitz an.

Wer war das? Was wollte der? — Und jetzt fiel mir bei, ich hatte keinen Hufschlag, kein Keuchen des Pferdes vernommen; und Roß und Reiter waren doch hart an mir vorbeigefahren!

In Gedanken darüber ritt ich weiter; aber ich hatte nicht lange Zeit zum Denken; schon fuhr es von rückwärts wieder an mir vorbei; mir war, als streifte mich der fliegende Mantel, und die Erscheinung war, wie das erste Mal, lautlos an mir vorüber gestoben. Dann sah ich sie fern und ferner vor mir; dann war's, als säh ich plötzlich ihren Schatten an der Binnenseite des Deiches hinuntergehen.

Etwas zögernd ritt ich hinterdrein. Als ich jene Stelle erreicht hatte, sah ich hart am Deich im Kooge unten das Wasser einer großen Wehle blinken — so nennen sie dort die Brüche, welche von den Sturmfluthen in das Land gerissen werden, und die dann meist als kleine, aber tiefgründige Teiche stehen bleiben.

Das Wasser war, trotz des schützenden Deiches, auffallend unbewegt; der Reiter konnte es nicht getrübt haben; ich sah nichts weiter von ihm. Aber ein Anderes sah ich, das ich mit Freuden jetzt begrüßte: vor mir, von unten aus dem Kooge, schimmerten eine Menge zerstreuter Lichtscheine zu mir herauf; sie schienen aus jenen langgestreckten friesischen Häusern zu kommen, die vereinzelt auf mehr oder minder hohen Werften lagen; dicht vor mir aber auf halber Höhe des Binnendeiches lag ein großes Haus derselben Art; an der Südseite, rechts von der Hausthür, sah ich alle Fenster erleuchtet; dahinter gewahrte ich Menschen und glaubte trotz des Sturmes sie zu hören. Mein Pferd war schon von selbst auf den Weg am Deich hinabgeschritten, der mich vor die Thür des Hauses führte. Ich sah wohl, daß es ein Wirthshaus war; denn vor den Fenstern gewahrte ich die sogenannten „Ricks", das heißt auf zwei Ständern ruhende Balken mit großen eisernen Ringen, zum Anbinden des Viehes und der Pferde, die hier Halt machten.

Ich band das meine an einen derselben und überwies es dann dem Knechte, der mir beim Eintritt in den Flur entgegenkam. „Ist hier Versammlung?" frug ich ihn, da mir jetzt deutlich ein Geräusch von Menschenstimmen und Gläserklirren aus der Stubenthür entgegendrang.

„Is wull so wat," entgegnete der Knecht auf Plattdeutsch — und ich erfuhr nachher, daß dieses neben dem Friesischen hier schon seit über hundert Jahren im Schwange gewesen sei — „Dielgraf un

Gevollmächtigten un wecke von de annern Interessenten! Dat is um't hoge Water!"

Als ich eintrat, sah ich etwa ein Dutzend Männer an einem Tische sitzen, der unter den Fenstern entlang lief; eine Punschbowle stand darauf, und ein besonders stattlicher Mann schien die Herrschaft über sie zu führen.

Ich grüßte und bat, mich zu ihnen setzen zu dürfen, was bereitwillig gestattet wurde. „Sie halten hier die Wacht!" sagte ich, mich zu jenem Manne wendend; „es ist bös Wetter draußen; die Deiche werden ihre Noth haben!"

„Gewiß," erwiderte er; „wir, hier an der Ostseite, aber glauben jetzt außer Gefahr zu sein; nur drüben an der anderen Seite ist's nicht sicher; die Deiche sind dort meist noch mehr nach altem Muster; unser Hauptdeich ist schon im vorigen Jahrhundert umgelegt. — Uns ist vorhin da draußen kalt geworden, und Ihnen," setzte er hinzu, „wird es ebenso gegangen sein; aber wir müssen hier noch ein paar Stunden aushalten; wir haben sichere Leute draußen, die uns Bericht erstatten." Und ehe ich meine Bestellung bei dem Wirthe machen konnte, war schon ein dampfendes Glas mir hingeschoben.

Ich erfuhr bald, daß mein freundlicher Nachbar der Deichgraf sei; wir waren ins Gespräch gekommen, und ich hatte begonnen, ihm meine seltsame Begegnung auf dem Deiche zu erzählen. Er wurde aufmerksam, und ich bemerkte plötzlich, daß alles Gespräch umher verstummt war. „Der Schimmelreiter!" rief einer aus der Gesellschaft, und eine Bewegung des Erschreckens ging durch die Uebrigen.

Der Deichgraf war aufgestanden. „Ihr braucht nicht zu erschrecken," sprach er über den Tisch hin; „das ist nicht bloß für uns; anno 17 hat es auch Denen drüben gegolten; mögen sie auf Alles vorgefaßt sein!"

Mich wollte nachträglich ein Grauen überlaufen: „Verzeiht!" sprach ich, „was ist das mit dem Schimmelreiter?"

Abseits hinter dem Ofen, ein wenig gebückt, saß ein kleiner hagerer Mann in einem abgeschabten schwarzen Röcklein; die eine Schulter schien ein wenig ausgewachsen. Er hatte mit keinem Worte an der Unterhaltung der Anderen theilgenommen; aber seine bei dem spärlichen grauen Haupthaar noch immer mit dunklen Wimpern besäumten Augen zeigten deutlich, daß er nicht zum Schlaf hier sitze.

Gegen diesen streckte der Deichgraf seine Hand: „Unser Schulmeister," sagte er mit erhobener Stimme, „wird von uns hier Ihnen das am besten erzählen können; freilich nur in seiner Weise und nicht so richtig, wie zu Haus meine alte Wirthschafterin Antje Vollmers es beschaffen würde."

„Ihr scherzet, Deichgraf!" kam die etwas kränkliche Stimme des Schulmeisters hinter dem Ofen hervor, „daß Ihr mir Euern dummen Drachen wollt zur Seite stellen!"

„Ja, ja, Schulmeister!" erwiderte der Andere; „aber bei den Drachen sollen derlei Geschichten am besten in Verwahrung sein!"

„Freilich!" sagte der kleine Herr; „wir sind hierin nicht ganz derselben Meinung;" und ein überlegenes Lächeln glitt über das feine Gesicht.

„Sie sehen wohl," raunte der Deichgraf mir ins Ohr; „er ist immer noch ein wenig hochmüthig; er hat in seiner Jugend einmal Theologie studirt und ist nur einer verfehlten Brautschaft wegen hier in seiner Heimath als Schulmeister hängen geblieben."

Dieser war inzwischen aus seiner Ofenecke hervorgekommen und hatte sich neben mir an den langen

Tisch gesetzt. „Erzählt, erzählt nur, Schulmeister," riefen ein paar der Jüngeren aus der Gesellschaft.

„Nun freilich," sagte der Alte, sich zu mir wendend, „will ich gern zu Willen sein; aber es ist viel Aberglaube dazwischen, und eine Kunst, es ohne diesen zu erzählen."

„Ich muß Euch bitten, den nicht auszulassen," erwiderte ich; „traut mir nur zu, daß ich schon selbst die Spreu vom Weizen sondern werde!"

Der Alte sah mich mit verständnißvollem Lächeln an: „Nun also!" sagte er. „In der Mitte des vorigen Jahrhunderts, oder vielmehr, um genauer zu bestimmen, vor und nach derselben, gab es hier einen Deichgrafen, der von Deich- und Sielsachen mehr verstand, als Bauern und Hofbesitzer sonst zu verstehen pflegen; aber es reichte doch wohl kaum; denn was die studirten Fachleute darüber niedergeschrieben, davon hatte er wenig gelesen; sein Wissen hatte er sich, wenn auch von Kindesbeinen an, nur selber ausgesonnen. Ihr hörtet wohl schon, Herr, die Friesen rechnen gut, und habet auch wohl schon über unseren Hans Mommsen von Fahretoft reden hören, der ein Bauer war und doch Boussolen und Seeuhren, Telestopen und Orgeln machen konnte. Nun, ein Stück von solch einem Manne war auch der Vater des nachherigen Deichgrafen gewesen; freilich wohl nur ein kleines. Er hatte ein paar Fennen, wo er Rapps und Bohnen baute, auch eine Kuh graste, ging unterweilen im Herbst und Frühjahr auch aufs Landmessen und saß im Winter, wenn der Nordwest von draußen kam und an seinen Läden rüttelte, zu ritzen und zu prickeln, in seiner Stube. Der Junge saß meist dabei und sah über seine Fibel oder Bibel weg dem Vater zu, wie er maß und berechnete, und grub sich mit der Hand in seinen blonden Haaren. Und eines Abends frug er den Alten, warum denn das, was er eben hingeschrieben hatte, gerade so sein müsse und nicht anders sein könne, und stellte dann eine eigene Meinung darüber auf. Aber der Vater, der darauf nicht zu antworten wußte, schüttelte den Kopf und sprach: „Das kann ich dir nicht sagen; genug, es ist so, und du selber irrst dich. Willst du mehr wissen, so suche morgen aus der Kiste, die auf unserem Boden steht, ein Buch; einer, der Euklid hieß, hat's geschrieben; das wird's dir sagen!"

— — Der Junge war Tags darauf zu Boden

gelaufen und hatte auch bald das Buch gefunden; denn viele Bücher gab es überhaupt nicht in dem Hause; aber der Vater lachte, als er es vor ihm auf den Tisch legte. Es war ein holländischer Euklid, und Holländisch, wenngleich es doch halb Deutsch war, verstanden alle Beide nicht. ‚Ja, ja,‘ sagte er, ‚das Buch ist noch von meinem Vater, der verstand es; ist denn kein deutscher da?‘

Der Junge, der von wenig Worten war, sah den Vater ruhig an und sagte nur: ‚Darf ich's behalten? Ein deutscher ist nicht da.‘

Und als der Alte nickte, wies er noch ein zweites, halbzerrissenes Büchlein vor. ‚Auch das?‘ frug er wieder.

‚Nimm sie alle beide!‘ sagte Tede Haien; ‚sie werden dir nicht viel nützen.‘

Aber das zweite Buch war eine kleine holländische Grammatik, und da der Winter noch lange nicht vorüber war, so hatte es, als endlich die Stachelbeeren in ihrem Garten wieder blühten, dem Jungen schon so weit geholfen, daß er den Euklid, welcher damals stark im Schwange war, fast überall verstand.

Es ist mir nicht unbekannt, Herr," unterbrach sich

der Erzähler, „daß dieser Umstand auch von Hans Mommsen erzählt wird; aber vor dessen Geburt ist hier bei uns schon die Sache von Hauke Haien — so hieß der Knabe — berichtet worden. Ihr wisset auch wohl, es braucht nur einmal ein Größerer zu kommen, so wird ihm Alles aufgeladen, was in Ernst oder Schimpf seine Vorgänger einst mögen verübt haben.

Als der Alte sah, daß der Junge weder für Kühe noch Schafe Sinn hatte, und kaum gewahrte, wenn die Bohnen blühten, was doch die Freude von jedem Marschmann ist, und weiterhin bedachte, daß die kleine Stelle wohl mit einem Bauer und einem Jungen, aber nicht mit einem Halbgelehrten und einem Knecht bestehen könne, ingleichen, daß er auch selber nicht auf einen grünen Zweig gekommen sei, so schickte er seinen großen Jungen an den Deich, wo er mit anderen Arbeitern von Ostern bis Martini Erde karren mußte. ‚Das wird ihn vom Euklid curiren,‘ sprach er bei sich selber.

Und der Junge karrte; aber den Euklid hatte er allzeit in der Tasche, und wenn die Arbeiter ihr Frühstück oder Vesper aßen, saß er auf seinem umgestülpten Schubkarren mit dem Buche in der Hand. Und wenn im Herbst die Fluthen höher stiegen und manch ein Mal die Arbeit eingestellt werden mußte, dann ging er nicht mit den Anderen nach Haus, sondern blieb, die Hände über die Knie gefaltet, an der abfallenden Seeseite des Deiches sitzen und sah stundenlang zu, wie die trüben Nordseewellen immer höher an die Grasnarbe des Deiches hinaufschlugen; erst wenn ihm die Füße überspült waren, und der Schaum ihm ins Gesicht spritzte, rückte er ein paar Fuß höher und blieb dann wieder sitzen. Er hörte weder das Klatschen des Wassers noch das Geschrei der Möven und Strandvögel, die um oder über ihm flogen und ihn fast mit ihren Flügeln streiften, mit den schwarzen Augen in die seinen blitzend; er sah auch nicht, wie vor ihm über die weite, wilde Wasserwüste sich die Nacht ausbreitete; was er allein hier sah, war der brandende Saum des Wassers, der, als die Fluth stand, mit hartem Schlage immer wieder dieselbe Stelle traf und vor seinen Augen die Grasnarbe des steilen Deiches auswusch.

Nach langem Hinstarren nickte er wohl langsam mit dem Kopfe oder zeichnete, ohne aufzusehen, mit der Hand eine weiche Linie in die Luft, als ob er dem Deiche damit einen sanfteren Abfall geben wollte. Wurde es so dunkel, daß alle Erdendinge vor seinen Augen verschwanden und nur die Fluth ihm in die Ohren donnerte, dann stand er auf und trabte halbdurchnäßt nach Hause.

Als er so eines Abends zu seinem Vater in die Stube trat, der an seinen Meßgeräthen putzte, fuhr dieser auf: ‚Was treibst du draußen? Du hättest ja versaufen können; die Wasser beißen heute in den Deich.‘

Hauke sah ihn trotzig an.

— ‚Hörst du mich nicht? Ich sag, du hättst versaufen können.‘

‚Ja,‘ sagte Hauke; ‚ich bin doch nicht versoffen!‘

‚Nein,‘ erwiderte nach einer Weile der Alte und sah ihm wie abwesend ins Gesicht, — ‚diesmal noch nicht.‘

‚Aber,‘ sagte Hauke wieder, ‚unsere Deiche sind nichts werth!‘

— ‚Was für was, Junge?‘

‚Die Deiche, sag ich!‘

— ‚Was sind die Deiche?'

‚Sie taugen nichts, Vater!' erwiderte Haule.

Der Alte lachte ihm ins Gesicht. ‚Was benn, Junge? Du bist wohl das Wunderkind aus Lübeck!'

Aber der Junge ließ sich nicht irren. ‚Die Wasserseite ist zu steil,' sagte er; ‚wenn es einmal kommt, wie es mehr als einmal schon gekommen ist, so können wir hier auch hinterm Deich ersaufen!'

Der Alte holte seinen Kautabak aus der Tasche, drehte einen Schrot ab und schob ihn hinter die Zähne. ‚Und wieviel Karren hast du heut geschoben?' frug er ärgerlich; denn er sah wohl, daß auch die Deicharbeit bei dem Jungen die Denkarbeit nicht hatte vertreiben können.

‚Weiß nicht, Vater,' sagte dieser; ‚so, was die Anderen machten; vielleicht ein halbes Dutzend mehr; aber — die Deiche müssen anders werden!'

‚Nun,' meinte der Alte und stieß ein Lachen aus; ‚du kannst es ja vielleicht zum Deichgraf bringen; dann mach sie anders!'

‚Ja, Vater!' erwiderte der Junge.

Der Alte sah ihn an und schluckte ein paar Mal;

dann ging er aus der Thür; er wußte nicht, was er
dem Jungen antworten sollte.

* * *

Auch als zu Ende Octobers die Deicharbeit vorbei war, blieb der Gang nordwärts nach dem Hof hinaus für Hauke Haien die beste Unterhaltung; den Allerheiligentag, um den herum die Aequinoctialstürme zu tosen pflegen, von dem wir sagen, daß Friesland ihn wohl beklagen mag, erwartete er wie heut die Kinder das Christfest. Stand eine Springfluth bevor, so konnte man sicher sein, er lag trotz Sturm und Wetter weit draußen am Deiche mutterseelenallein; und wenn die Möven gackerten, wenn die Wasser gegen den Deich tobten und beim Zurückrollen ganze Fetzen von der Grasdecke mit ins Meer hinabrissen, dann hätte man Haukes zorniges Lachen hören können. ‚Ihr könnt nichts Rechtes,‘ schrie er in den Lärm hinaus, ‚sowie die Menschen auch nichts können!‘ Und endlich, oft im Finsteren, trabte er aus der weiten Oede den Deich entlang nach Hause, bis seine aufgeschossene Gestalt die niedrige Thür unter seines Vaters Rohrdach erreicht hatte und darunter durch in das kleine Zimmer schlüpfte.

Manchmal hatte er eine Fauſt voll Kleierde mit-gebracht; dann ſetzte er ſich neben den Alten, der ihn jetzt gewähren ließ, und knetete bei dem Schein der dünnen Unſchlittkerze allerlei Deichmodelle, legte ſie in ein flaches Gefäß mit Waſſer und ſuchte darin die Ausſpülung der Wellen nachzumachen, oder er nahm seine Schiefertafel und zeichnete darauf das Profil der Deiche nach der Seeſeite, wie es nach ſeiner Meinung ſein mußte.

Mit denen zu verkehren, die mit ihm auf der Schulbank geſeſſen hatten, fiel ihm nicht ein; auch ſchien es, als ob ihnen an dem Träumer nichts gelegen ſei. Als es wieder Winter geworden und der Froſt hereingebrochen war, wanderte er noch weiter, wohin er früher nie gekommen, auf den Deich hinaus, bis die unabsehbare eisbedeckte Fläche der Watten vor ihm lag.

Im Februar bei dauerndem Froſtwetter wurden angetriebene Leichen aufgefunden; draußen am offenen Haf auf den gefrorenen Watten hatten ſie gelegen. Ein junges Weib, die dabei geweſen war, als man ſie in das Dorf geholt hatte, ſtand redſelig vor dem

alten Haien: ‚Glaubt nicht, daß sie wie Menschen
aussahen,‘ rief sie; ‚nein, wie die Seeteufel! So
große Köpfe,‘ und sie hielt die ausgespreizten Hände
von Weitem gegen einander, ‚gnibberschwarz und
blank, wie frisch gebacken Brot! Und die Krabben
hatten sie angeknabbert; und die Kinder schrien laut,
als sie sie sahen!‘

Dem alten Haien war so was just nichts Neues:
‚Sie haben wohl seit November schon in See getrieben!‘ sagte er gleichmüthig.

Hauke stand schweigend daneben; aber sobald er
konnte, schlich er sich auf den Deich hinaus; es war
nicht zu sagen, wollte er noch nach weiteren Todten
suchen, oder zog ihn nur das Grauen, das noch auf
den jetzt verlassenen Stellen brüten mußte. Er lief
weiter und weiter, bis er einsam in der Oede stand,
wo nur die Winde über den Deich wehten, wo nichts
war als die klagenden Stimmen der großen Vögel,
die rasch vorüberschossen; zu seiner Linken die leere
weite Marsch, zur anderen Seite der unabsehbare
Strand mit seiner jetzt vom Eise schimmernden Fläche
der Watten; es war, als liege die ganze Welt in
weißem Tod.

Hauke blieb oben auf dem Deiche stehen, und seine scharfen Augen schweiften weit umher; aber von Todten war nichts mehr zu sehen; nur wo die unsichtbaren Wattströme sich darunter drängten, hob und senkte die Eisfläche sich in stromartigen Linien.

Er lief nach Hause; aber an einem der nächsten Abende war er wiederum da draußen. Auf jenen Stellen war jetzt das Eis gespalten; wie Rauchwolken stieg es aus den Rissen, und über das ganze Watt spann sich ein Netz von Dampf und Nebel, das sich seltsam mit der Dämmerung des Abends mischte. Hauke sah mit starren Augen darauf hin; denn in dem Nebel schritten dunkle Gestalten auf und ab, sie schienen ihm so groß wie Menschen. Würdevoll, aber mit seltsamen, erschreckenden Gebärden; mit langen Nasen und Hälsen sah er sie fern an den rauchenden Spalten auf und ab spazieren; plötzlich begannen sie wie Narren unheimlich auf und ab zu springen, die großen über die kleinen und die kleinen gegen die großen; dann breiteten sie sich aus und verloren alle Form.

„Was wollen die? Sind es die Geister der

Ertrunkenen?" dachte Hauke. „Hoiho!" schrie er laut in die Nacht hinaus; aber die draußen kehrten sich nicht an seinen Schrei, sondern trieben ihr wunderliches Wesen fort.

Da kamen ihm die furchtbaren norwegischen Seegespenster in den Sinn, von denen ein alter Capitän ihm einst erzählt hatte, die statt des Angesichts einen stumpfen Pull von Seegras auf dem Nacken tragen; aber er lief nicht fort, sondern bohrte die Hacken seiner Stiefel fest in den Klei des Deiches und sah starr dem possenhaften Unwesen zu, das in der einfallenden Dämmerung vor seinen Augen fortspielte. „Seid ihr auch hier bei uns?" sprach er mit harter Stimme: „ihr sollt mich nicht vertreiben!"

Erst als die Finsterniß Alles bedeckte, schritt er steifen langsamen Schrittes heimwärts. Aber hinter ihm drein kam es wie Flügelrauschen und hallendes Geschrei. Er sah nicht um; aber er ging auch nicht schneller und kam erst spät nach Hause; doch niemals soll er seinem Vater oder einem Anderen davon erzählt haben. Erst viele Jahre später hat er sein blödes Mädchen, womit später der Herrgott ihn belastete, um dieselbe Tages- und Jahreszeit mit sich auf den Deich hinausgenommen, und dasselbe Wesen soll sich derzeit draußen auf den Watten gezeigt haben; aber er hat ihr gesagt, sie solle sich nicht fürchten, das seien nur die Fischreiher und die Krähen, die im Nebel so groß und fürchterlich erschienen; die holten sich die Fische aus den offenen Spalten.

Weiß Gott, Herr!" unterbrach sich der Schulmeister; „es giebt auf Erden allerlei Dinge, die ein ehrlich Christenherz verwirren können; aber der Haute war weder ein Narr noch ein Dummkopf."

Da ich nichts erwiderte, wollte er fortfahren; aber unter den übrigen Gästen, die bisher lautlos zugehört hatten, nur mit dichterem Tabaksqualm das niedrige Zimmer füllend, entstand eine plötzliche Bewegung; erst Einzelne, dann fast Alle wandten sich dem Fenster zu. Draußen — man sah es durch die unverhangenen Fenster — trieb der Sturm die Wolken, und Licht und Dunkel jagten durcheinander; aber auch mir war es, als hätte ich den hageren Reiter auf seinem Schimmel vorbeisausen gesehen.

„Wart Er ein wenig, Schulmeister!" sagte der Deichgraf leise.

„Ihr braucht Euch nicht zu fürchten, Deichgraf!"

erwiderte der kleine Erzähler, „ich habe ihn nicht geschmäht, und hab auch dessen keine Ursach;" und er sah mit seinen kleinen, klugen Augen zu ihm auf.

„Ja, ja," meinte der Andere; „laß Er Sein Glas nur wieder füllen." Und nachdem das geschehen war, und die Zuhörer, meist mit etwas verdutzten Gesichtern, sich wieder zu ihm gewandt hatten, fuhr er in seiner Geschichte fort:

„So für sich, und am liebsten nur mit Wind und Wasser und mit den Bildern der Einsamkeit verkehrend, wuchs Hauke zu einem langen, hageren Burschen auf. Er war schon über ein Jahr lang eingesegnet, da wurde es auf einmal anders mit ihm, und das kam von dem alten weißen Angorakater, welchen der alten Trien' Jans einst ihr später verunglückter Sohn von seiner spanischen Seereise mitgebracht hatte. Trien' wohnte ein gut Stück hinaus auf dem Deiche in einer kleinen Kathe, und wenn die Alte in ihrem Hause herumarbeitete, so pflegte diese Unform von einem Kater vor der Hausthür zu sitzen und in den Sommertag und nach den vorüberfliegenden Kiebitzen hinauszublinzeln. Ging Hauke vorbei, so maunzte der Kater ihn an, und Hauke nickte ihm zu; die Beiden wußten, was sie miteinander hatten.

Nun aber war's einmal im Frühjahr, und Haule lag nach seiner Gewohnheit oft draußen am Deich, schon weiter unten dem Wasser zu, zwischen Strandnelken und dem duftenden Seewermuth, und ließ sich von der schon kräftigen Sonne bescheinen. Er hatte sich Tags zuvor droben auf der Geest die Taschen voll von Kieseln gesammelt, und als in der Ebbezeit die Watten bloßgelegt waren und die kleinen grauen Strandläufer schreiend darüber hinhuschten, holte er jählings einen Stein hervor und warf ihn nach den Vögeln. Er hatte das von Kindesbeinen an geübt, und meistens blieb einer auf dem Schlicke liegen; aber ebenso oft war er dort auch nicht zu holen; Haule hatte schon daran gedacht, den Kater mitzunehmen und als apportirenden Jagdhund zu dressiren. Aber es gab auch hier und dort feste Stellen oder Sandlager; solchenfalls lief er hinaus und holte sich seine Beute selbst. Saß der Kater bei seiner Rückkehr noch vor der Hausthür, dann schrie das Thier vor nicht zu bergender Raubgier so lange, bis Haule ihm einen der erbeuteten Vögel zuwarf.

Als er heute, seine Jacke auf der Schulter, heimging, trug er nur einen ihm noch unbekannten, aber wie mit bunter Seide und Metall gefiederten Vogel mit nach Hause, und der Kater maunzte wie gewöhnlich, als er ihn kommen sah. Aber Hauke wollte seine Beute — es mag ein Eisvogel gewesen sein — diesmal nicht hergeben und kehrte sich nicht an die Gier des Thieres. „Umschicht!" rief er ihm zu, „heute mir, morgen dir; das hier ist kein Katerfressen!" Aber der Kater kam vorsichtigen Schrittes herangeschlichen; Hauke stand und sah ihn an, der Vogel hing an seiner Hand, und der Kater blieb mit erhobener Tatze stehen. Doch der Bursche schien seinen Katzenfreund noch nicht so ganz zu kennen; denn während er ihm seinen Rücken zugewandt hatte und eben fürbaß wollte, fühlte er mit einem Ruck die Jagdbeute sich entrissen, und zugleich schlug eine scharfe Kralle ihm ins Fleisch. Ein Grimm, wie gleichfalls eines Raubthieres, flog dem jungen Menschen ins Blut; er griff wie rasend um sich und hatte den Räuber schon am Genicke gepackt. Mit der Faust hielt er das mächtige Thier empor und würgte es, daß die Augen ihm aus den rauhen Haaren vorquollen, nicht achtend, daß die starken Hintertatzen ihm den Arm zerfleischten. „Hoiho!" schrie er und packte ihn noch fester; „wollen sehen, wer's von uns Beiden am längsten aushält!"

Plötzlich fielen die Hinterbeine der großen Katze schlaff herunter, und Haule ging ein paar Schritte zurück und warf sie gegen die Kathe der Alten. Da sie sich nicht rührte, wandte er sich und setzte seinen Weg nach Hause fort.

Aber der Angorakater war das Kleinod seiner Herrin; er war ihr Geselle und das Einzige, was ihr Sohn, der Matrose, ihr hinterlassen hatte, nachdem er hier an der Küste seinen jähen Tod gefunden hatte, da er im Sturm seiner Mutter beim Portenfangen hatte helfen wollen. Haule mochte kaum hundert Schritte weiter gethan haben, während er mit einem Tuch das Blut aus seinen Wunden auffing, als schon von der Kathe her ihm ein Geheul und Zetern in die Ohren gellte. Da wandte er sich und sah davor das alte Weib am Boden liegen; das greise Haar flog ihr im Winde um das rothe Kopftuch: „Todt!" rief sie, „todt!" und erhob dräuend ihren mageren Arm gegen ihn: „Du sollst verflucht sein! Du hast ihn todtgeschlagen, du nichtsnutziger Strandläufer; du warst nicht werth, ihm seinen Schwanz zu bürsten!' Sie warf sich über das Thier und wischte zärtlich mit ihrer Schürze ihm das Blut fort, das noch aus Nase und Schnauze rann; dann hob sie aufs Neue an zu zetern.

„Bist du bald fertig?" rief Hauke ihr zu, „dann laß dir sagen: ich will dir einen Kater schaffen, der mit Maus- und Rattenblut zufrieden ist!"

Darauf ging er, scheinbar auf nichts mehr achtend, fürbaß. Aber die todte Katze mußte ihm doch im Kopfe Wirrsal machen; denn er ging, als er zu den Häusern gekommen war, dem seines Vaters und auch den übrigen vorbei und eine weite Strecke noch nach Süden auf dem Deich der Stadt zu.

Inmittelst wanderte auch Trien' Jans auf demselben in der gleichen Richtung; sie trug in einem alten blaucarrirten Kissenüberzug eine Last in ihren Armen, die sie sorgsam, als wär's ein Kind, umklammerte; ihr greises Haar flatterte in dem leichten Frühlingswind. „Was schleppt Sie da, Trina?" frug ein Bauer, der ihr entgegenkam. „Mehr als dein Haus und Hof,' erwiderte die Alte; dann ging sie eifrig weiter. Als sie dem unten liegenden Hause des alten Haien nahe kam, ging sie den Alt, wie man bei uns die Trift- und Fußwege nennt, die schräg an der Seite des Deiches hinab- oder hinaufführen, zu den Häusern hinunter.

Der alte Tede Haien stand eben vor der Thür und sah ins Wetter: "Na, Trien'l!" sagte er, als sie pustend vor ihm stand und ihren Krückstock in die Erde bohrte, "was bringt Sie Neues in Ihrem Sack?"

"Erst laß mich in die Stube, Tede Haien! dann soll Er's sehen!" und ihre Augen sahen ihn mit seltsamem Funkeln an!

"So komm Sie!" sagte der Alte. Was gingen ihn die Augen des dummen Weibes an.

Und als Beide eingetreten waren, fuhr sie fort: "Bring Er den alten Tabakskasten und das Schreibzeug von dem Tisch — — Was hat Er denn immer zu schreiben? — — So; und nun wisch Er ihn sauber ab!"

Und der Alte, der fast neugierig wurde, that Alles, was sie sagte; dann nahm sie den blauen Ueberzug bei beiden Zipfeln und schüttete daraus den großen Katerleichnam auf den Tisch. ‚Da hat Er ihn!' rief sie; ‚Sein Haule hat ihn todtgeschlagen.' Hierauf aber begann sie ein bitterliches Weinen; sie streichelte das dicke Fell des todten Thieres, legte ihm die Tatzen zusammen, neigte ihre lange Nase über dessen Kopf und raunte ihm unverständliche Zärtlichkeiten in die Ohren.

Tede Haien sah dem zu. ‚So,' sagte er; ‚Haule hat ihn todtgeschlagen?' Er wußte nicht, was er mit dem heulenden Weibe machen sollte.

Die Alte nickte ihn grimmig an: ‚Ja, ja; so Gott, das hat er gethan!' und sie wischte sich mit ihrer von Gicht verkrümmten Hand das Wasser aus den Augen. ‚Kein Kind, kein Lebigs mehr!' klagte sie. ‚Und Er weiß es ja auch wohl, uns Alten, wenn's nach Allerheiligen kommt, frieren Abends im Bett die Beine, und statt zu schlafen, hören wir den Nordwest an unseren Fensterläden rappeln. Ich hör's nicht gern, Tede Haien, er kommt daher, wo mein Junge mir im Schlick versank.'

Tede Haien nickte, und die Alte streichelte das Fell ihres todten Katers: ‚Der aber,' begann sie wieder, ‚wenn ich Winters am Spinnrad saß, dann saß er bei mir und spann auch und sah mich an mit seinen grünen Augen! Und kroch ich, wenn's mir kalt wurde, in mein Bett — es dauerte nicht lang, so sprang er zu mir und legte sich auf meine frierenden Beine, und wir schliefen so warm mitsammen, als hätte ich noch meinen jungen Schatz im Bett!' Die Alte, als suche sie bei dieser Erinnerung nach Zustimmung, sah den neben ihr am Tische stehenden Alten mit ihren funkelnden Augen an.

Tede Haien aber sagte bedächtig: ‚Ich weiß Ihr einen Rath, Trien' Jans,' und er ging nach seiner Schatulle und nahm eine Silbermünze aus der Schublade — ‚Sie sagt, daß Haule Ihr das Thier vom Leben gebracht hat, und ich weiß, Sie lügt nicht; aber hier ist ein Kronthaler von Christian dem Vierten; damit kauf Sie sich ein gegerbtes Lammfell für Ihre kalten Beine! Und wenn unsere Katze nächstens Junge wirft, so mag Sie sich das größte davon aussuchen; das zusammen thut wohl einen altersschwachen Angorakater! Und nun nehm Sie das Vieh und bring Sie es meinethalb an den Racker in der Stadt, und halt Sie das Maul, daß es hier auf meinem ehrlichen Tisch gelegen hat!'

Während dieser Rede hatte das Weib schon nach dem Thaler gegriffen und ihn in einer kleinen Tasche geborgen, die sie unter ihren Röcken trug; dann stopfte sie den Kater wieder in das Bettbühr, wischte mit ihrer Schürze die Blutflecken von dem Tisch und stakte zur Thür hinaus. „Vergiß Er mir nur den jungen Kater nicht!" rief sie noch zurück.

— — Eine Weile später, als der alte Haien in dem engen Stüblein auf- und abschritt, trat Haule herein und warf seinen bunten Vogel auf den Tisch; als er aber auf der weiß gescheuerten Platte den noch kennbaren Blutfleck sah, frug er, wie beiläufig: „Was ist denn das?"

Der Vater blieb stehen: „Das ist Blut, was du hast fließen machen!"

Dem Jungen schoß es doch heiß ins Gesicht: „Ist denn Trien' Jans mit ihrem Kater hier gewesen?"

Der Alte nickte: „Weshalb hast du ihr den todtgeschlagen?"

Haule entblößte seinen blutigen Arm. „Deshalb," sagte er; „er hatte mir den Vogel fortgerissen!"

Der Alte sagte nichts hierauf; er begann eine

Zeit lang wieder auf- und abzugehen; dann blieb er vor dem Jungen stehen und sah eine Weile wie abwesend auf ihn hin. ‚Das mit dem Kater hab ich rein gemacht,‘ sagte er dann; ‚aber, siehst du, Haule, die Kathe ist hier zu klein; zwei Herren können darauf nicht sitzen — es ist nun Zeit, du mußt dir einen Dienst besorgen!‘

‚Ja, Vater,‘ entgegnete Haule; ‚hab dergleichen auch gedacht.‘

‚Warum?‘ frug der Alte.

— ‚Ja, man wird grimmig in sich, wenn man's nicht an einem ordentlichen Stück Arbeit auslassen kann.‘

‚So?‘ sagte der Alte, ‚und darum hast du den Angorer todtgeschlagen? Das könnte leicht noch schlimmer werden?‘

— ‚Er mag wohl recht haben, Vater; aber der Deichgraf hat seinen Kleinknecht fortgejagt; das könnt ich schon verrichten!‘

Der Alte begann wieder auf- und abzugehen und spritzte dabei die schwarze Tabaksjauche von sich: ‚Der Deichgraf ist ein Dummkopf, dumm wie 'ne Saatgans! Er ist nur Deichgraf, weil sein Vater und Großvater es gewesen sind, und wegen seiner neunundzwanzig Fennen. Wenn Martini herankommt und hernach die Deich- und Sielrechnungen abgethan werden müssen, dann füttert er den Schulmeister mit Gansbraten und Meth und Weizenkringeln und sitzt dabei und nickt, wenn der mit seiner Feder die Zahlenreihen hinunterläuft, und sagt: Ja, ja, Schulmeister, Gott vergönn's Ihm! Was kann Er rechnen? Wenn aber einmal der Schulmeister nicht kann oder auch nicht will, dann muß er selber dran und sitzt und schreibt und streicht wieder aus, und der große dumme Kopf wird ihm roth und heiß, und die Augen quellen wie Glaskugeln, als wollte das bißchen Verstand da hinaus.'

Der Junge stand gerade auf vor dem Vater und wunderte sich, was der reden könne; so hatte er's noch nicht von ihm gehört. ‚Ja, Gott tröst!' sagte er, ‚dumm ist er wohl; aber seine Tochter Elke, die kann rechnen!'

Der Alte sah ihn scharf an. ‚Ahoi, Haule,' rief er; ‚was weißt du von Elke Volkerts?'

— ‚Nichts, Vater; der Schulmeister hat's mir nur erzählt.'

Der Alte antwortete nicht darauf; er schob nur bedächtig seinen Tabaksknoten aus einer Backe hinter die andere.

‚Und du denkst,‘ sagte er dann, ‚du wirst dort auch mitrechnen können.‘

‚O ja, Vater, das möcht schon gehen,‘ erwiderte der Sohn, und ein ernstes Zucken lief um seinen Mund.

Der Alte schüttelte den Kopf: ‚Nein, aber meinethalb; versuch einmal dein Glück!‘

‚Dank auch, Vater!‘ sagte Hauke und stieg zu seiner Schlafstatt auf dem Boden; hier setzte er sich auf die Bettkante und sann, weshalb ihn denn sein Vater um Elke Vollerts angerufen habe. Er kannte sie freilich, das schlanke achtzehnjährige Mädchen mit dem bräunlichen schmalen Antlitz und den dunklen Brauen, die über den trotzigen Augen und der schmalen Nase ineinander liefen; doch hatte er noch kaum ein Wort mit ihr gesprochen; nun, wenn er zu dem alten Tede Vollerts ging, wollte er sie doch besser darauf ansehen, was es mit dem Mädchen auf sich habe. Und gleich jetzt wollte er gehen, damit kein Anderer ihm die Stelle abjage; es war ja kaum noch

Abend. Und so zog er seine Sonntagsjacke und seine besten Stiefel an und machte sich guten Muthes auf den Weg.

— Das langgestreckte Haus des Deichgrafen war durch seine hohe Werfte, besonders durch den höchsten Baum des Dorfes, eine gewaltige Esche, schon von Weitem sichtbar; der Großvater des jetzigen, der erste Deichgraf des Geschlechtes, hatte in seiner Jugend eine solche often der Hausthür hier gesetzt; aber die beiden ersten Anpflanzungen waren vergangen, und so hatte er an seinem Hochzeitsmorgen diesen dritten Baum gepflanzt, welcher noch jetzt mit seiner immer mächtiger werdenden Blätterkrone in dem hier unablässigen Winde wie von alten Zeiten rauschte.

Als nach einer Weile der lang aufgeschossene Haule die hohe Werfte hinaufstieg, welche an den Seiten mit Rüben und Kohl bepflanzt war, sah er droben die Tochter des Hauswirths neben der niedrigen Hausthür stehen. Ihr einer etwas hagerer Arm hing schlaff herab, die andere Hand schien im Rücken nach dem Eisenring zu greifen, von denen je einer zu beiden Seiten der Thür in der Mauer war, damit, wer vor das Haus ritt, sein Pferd daran befestigen könne. Die Dirne schien von dort ihre Augen über den Deich hinaus nach dem Meer zu haben, wo an dem stillen Abend die Sonne eben in das Wasser hinabsank und zugleich das bräunliche Mädchen mit ihrem letzten Schein vergoldete.

Hauke stieg etwas langsamer an der Werfte hinan und dachte bei sich: „So ist sie nicht so bösig!" dann war er oben. „Guten Abend auch!" sagte er zu ihr tretend; „wonach guckst du denn mit deinen großen Augen, Jungfer Elke?"

‚Nach dem,' erwiderte sie, ‚was hier alle Abend vor sich geht; aber hier nicht alle Abend just zu sehen ist.' Sie ließ den Ring aus der Hand fallen, daß er klingend gegen die Mauer schlug. ‚Was willst du, Hauke Haien?' frug sie.

‚Was dir hoffentlich nicht zuwider ist,' sagte er. ‚Dein Vater hat seinen Kleinknecht fortgejagt, da dachte ich bei euch in Dienst.'

Sie ließ ihre Blicke an ihm herunterlaufen: ‚Du bist noch so was schlanterig, Hauke!' sagte sie; ‚aber uns dienen zwei feste Augen besser als zwei feste Arme!" Sie sah ihn dabei fast düster an; aber

Haufe hielt ihr tapfer Stand. ‚So komm,‘ fuhr sie
fort; ‚der Wirth ist in der Stube, laß uns hineingehen!‘

\* \* \*

Am anderen Tage trat Tede Haien mit seinem
Sohne in das geräumige Zimmer des Deichgrafen;
die Wände waren mit glasurten Kacheln bekleidet,
auf denen hier ein Schiff mit vollen Segeln oder
ein Angler an einem Uferplatz, dort ein Rind, das
kauend vor einem Bauernhause lag, den Beschauer
vergnügen konnte; unterbrochen war diese dauerhafte
Tapete durch ein mächtiges Wandbett mit jetzt zugeschobenen Thüren und einen Wandschrank, der durch
seine beiden Glasthüren allerlei Porzellan- und Silbergeschirr erblicken ließ; neben der Thür zum anstoßenden Pesel war hinter einer Glasscheibe eine
holländische Schlaguhr in die Wand gelassen.

Der starke, etwas schlagflüssige Hauswirth saß am
Ende des blankgescheuerten Tisches im Lehnstuhl auf
seinem bunten Wollenpolster. Er hatte seine Hände
über dem Bauch gefaltet und starrte aus seinen runden
Augen befriedigt auf das Gerippe einer fetten Ente;
Gabel und Messer ruhten vor ihm auf dem Teller.

‚Guten Tag, Deichgraf!' sagte Haien, und der Angeredete drehte langsam Kopf und Augen zu ihm hin.

‚Ihr seid es, Tede?' entgegnete er, und der Stimme war die verzehrte fette Ente anzuhören, ‚setzt Euch; es ist ein gut Stück von Euch zu mir herüber!'

‚Ich komme, Deichgraf,' sagte Tede Haien, indem er sich auf die an der Wand entlang laufende Bank dem Anderen im Winkel gegenübersetzte. ‚Ihr habt Verdruß mit Euerem Kleinknecht gehabt und seid mit meinem Jungen einig geworden, ihn an dessen Stelle zu setzen!'

Der Deichgraf nickte: ‚Ja, ja, Tede; aber — was meint Ihr mit Verdruß? Wir Marschleute haben, Gott tröst uns, was dagegen einzunehmen!' und er nahm das vor ihm liegende Messer und klopfte wie liebkosend auf das Gerippe der armen Ente. ‚Das war mein Leibvogel,' setzte er behaglich lachend hinzu; ‚sie fraß mir aus der Hand!'

‚Ich dachte,' sagte der alte Haien, das Letzte überhörend, ‚der Bengel hätte Euch Unheil im Stall gemacht.'

‚Unheil? Ja, Tede; freilich Unheil genug! Der dicke Mopsbraten hatte die Kälber nicht gebörmt; aber er lag voll getrunken auf dem Heuboden, und das Viehzeug schrie die ganze Nacht vor Durst, daß ich bis Mittag nachschlafen mußte; dabei kann die Wirthschaft nicht bestehen!'

‚Nein, Deichgraf; aber dafür ist keine Gefahr bei meinem Jungen.'

Hauke stand, die Hände in den Seitentaschen, am Thürpfosten, hatte den Kopf im Nacken und studirte an den Fensterrähmen ihm gegenüber.

Der Deichgraf hatte die Augen zu ihm gehoben und nickte hinüber: ‚Nein, nein, Tede;' und er nickte nun auch dem Alten zu; ‚Euer Hauke wird mir die Nachtruh nicht verstören; der Schulmeister hat's mir schon vorbem gesagt, der sitzt lieber vor der Rechentafel, als vor einem Glas mit Branntwein.'

Hauke hörte nicht auf diesen Zuspruch, denn Elke war in die Stube getreten und nahm mit ihrer leichten Hand die Reste der Speisen von dem Tisch, ihn mit ihren dunklen Augen flüchtig streifend. Da fielen seine Blicke auch auf sie. ‚Bei Gott und Jesus,' sprach er bei sich selber, ‚sie sieht auch so nicht bösig aus!'

Das Mädchen war hinausgegangen: ‚Ihr wisset, Tede,' begann der Deichgraf wieder, ‚unser Herrgott hat mir einen Sohn versagt!'

‚Ja, Deichgraf; aber laßt Euch das nicht kränken,' entgegnete der Andere, ‚denn im dritten Gliede soll der Familienverstand ja verschleißen; Euer Großvater, das wissen wir noch Alle, war Einer, der das Land geschützt hat!'

Der Deichgraf, nach einigem Besinnen, sah schier verdutzt aus: ‚Wie meint Ihr das, Tede Haien?' sagte er, und setzte sich in seinem Lehnstuhl auf; ‚ich bin ja doch im dritten Gliede!'

‚Ja so! Nicht für ungut, Deichgraf; es geht nur so die Rede!' Und der hagere Tede Haien sah den alten Würdenträger mit etwas boshaften Augen an.

Der aber sprach unbekümmert: ‚Ihr müßt Euch von alten Weibern dergleichen Thorheit nicht aufschwatzen lassen, Tede Haien; Ihr kennt nur meine Tochter nicht, die rechnet mich selber dreimal um und um! Ich wollt nur sagen, Euer Hauke wird außer im Felde auch hier in meiner Stube mit Feder oder Rechenstift so Manches profitiren können, was ihm nicht schaden wird!'

‚Ja, ja, Deichgraf, das wird er; da habt Ihr völlig recht!' sagte der alte Haien und begann dann noch einige Vergünstigungen bei dem Miethcontract sich auszubedingen, die Abends vorher von seinem Sohne nicht bedacht waren. So sollte dieser außer seinen leinenen Hemden im Herbst auch noch acht Paar wollene Strümpfe als Zugabe seines Lohnes genießen; so wollte er selbst ihn im Frühling acht Tage bei der eigenen Arbeit haben, und was dergleichen mehr war. Aber der Deichgraf war zu Allem willig; Hauke Haien schien ihm eben der rechte Kleinknecht.

— — ‚Nun, Gott tröst dich, Junge,‘ sagte der Alte, da sie eben das Haus verlassen hatten, ‚wenn der dir die Welt klar machen soll!‘

Aber Hauke erwiderte ruhig: ‚Laß Er nur, Vater; es wird schon Alles werden.‘

\* \* \*

Und Hauke hatte so unrecht nicht gehabt; die Welt, oder was ihm die Welt bedeutete, wurde ihm klarer, je länger sein Aufenthalt in diesem Hause dauerte; vielleicht um so mehr, je weniger ihm eine überlegene Einsicht zu Hülfe kam, und je mehr er auf seine eigene Kraft angewiesen war, mit der er sich von jeher beholfen hatte. Einer freilich war im

Hause, für den er nicht der Rechte zu sein schien; das war der Großknecht Ole Peters, ein tüchtiger Arbeiter und ein maulfertiger Geselle. Ihm war der träge, aber dumme und stämmige Kleinknecht von dorthin besser nach seinem Sinn gewesen, dem er ruhig die Tonne Hafer auf den Rücken hatte laden und den er nach Herzenslust hatte herumstoßen können. Dem noch stilleren, aber ihn geistig überragenden Hauke vermochte er in solcher Weise nicht beizukommen; er hatte eine gar zu eigne Art, ihn anzublicken. Trotzdem verstand er es, Arbeiten für ihn auszusuchen, die seinem noch nicht gefesteten Körper hätten gefährlich werden können, und Hauke, wenn der Großknecht sagte: „Da hättest du den dicken Riß nur sehen sollen; dem ging es von der Hand!" faßte nach Kräften an und brachte es, wenn auch mit Mühsal, doch zu Ende. Ein Glück war es für ihn, daß Elke selbst oder durch ihren Vater das meistens abzustellen wußte. Man mag wohl fragen, was mitunter ganz fremde Menschen aneinander bindet; vielleicht — sie waren beide geborene Rechner, und das Mädchen konnte ihren Kameraden in der groben Arbeit nicht verderben sehen.

Der Zwiespalt zwischen Groß- und Kleinknecht wurde auch im Winter nicht besser, als nach Martini die verschiedenen Deichrechnungen zur Revision eingelaufen waren.

Es war an einem Maiabend; aber es war Novemberwetter; von drinnen im Hause hörte man draußen hinterm Deich die Brandung donnern. „He, Haule,‚ sagte der Hausherr, ‚komm herein; nun magst du weisen, ob du rechnen kannst!‚

‚Uns' Weerth,‚ entgegnete dieser; — denn so nennen hier die Leute ihre Herrschaft — ‚ich soll aber erst das Jungvieh füttern!‚

‚Elke!‚ rief der Deichgraf; ‚wo bist du, Elke! — Geh zu Ole, und sag ihm, er sollte das Jungvieh füttern; Haule soll rechnen!‚

Und Elke eilte in den Stall und machte dem Großknecht die Bestellung, der eben damit beschäftigt war, das über Tag gebrauchte Pferdegeschirr wieder an seinen Platz zu hängen.

Ole Peters schlug mit einer Trense gegen den Ständer, neben dem er sich beschäftigte, als wolle er sie kurz und klein haben: „Hol der Teufel den verfluchten Schreiberknecht!‚

Sie hörte die Worte noch, bevor sie die Stallthür wieder geschlossen hatte.

‚Nun?' frug der Alte, als sie in die Stube trat.

‚Ole wollte es schon besorgen,' sagte die Tochter, ein wenig sich die Lippen beißend, und setzte sich Haule gegenüber auf einen grobgeschnitzten Holzstuhl, wie sie noch derzeit hier an Winterabenden im Hause selbst gemacht wurden. Sie hatte aus einem Schubkasten einen weißen Strumpf mit rothem Vogelmuster genommen, an dem sie nun weiterstrickte; die langbeinigen Creaturen darauf mochten Reiher oder Störche bedeuten sollen. Haule saß ihr gegenüber in seine Rechnerei vertieft, der Deichgraf selbst ruhte in seinem Lehnstuhl und blinzelte schläfrig nach Haules Feder; auf dem Tisch brannten, wie immer im Deichgrafenhause, zwei Unschlittkerzen, und vor den beiden in Blei gefaßten Fenstern waren von außen die Läden vorgeschlagen und von innen zugeschroben; mochte der Wind nun poltern, wie er wollte. Mitunter hob Haule seinen Kopf von der Arbeit und blickte einen Augenblick nach den Vogelstrümpfen oder nach dem schmalen ruhigen Gesicht des Mädchens.

Da that es aus dem Lehnstuhl plötzlich einen

lauten Schnarcher, und ein Blick und ein Lächeln flog zwischen den beiden jungen Menschen hin und wieder; dann folgte allmählich ein ruhigeres Athmen; man konnte wohl ein wenig plaudern; Hauke wußte nur nicht, was.

Als sie aber das Strickzeug in die Höhe zog, und die Vögel sich nun in ihrer ganzen Länge zeigten, flüsterte er über den Tisch hinüber: "Wo hast du das gelernt, Elke?"

"Was gelernt?" frug das Mädchen zurück.

— "Das Vogelstricken?" sagte Hauke.

"Das? Von Trien' Jans draußen am Deich; sie kann allerlei; sie war vor Zeiten einmal bei meinem Großvater hier im Dienst."

"Da warst du aber wohl noch nicht geboren?" sagte Hauke.

"Ich denk wohl nicht; aber sie ist noch oft ins Haus gekommen."

"Hat denn die die Vögel gern?" frug Hauke; "ich meint, sie hielt es nur mit Katzen!"

Elke schüttelte den Kopf: "Sie zieht ja Enten und verkauft sie; aber im vorigen Frühjahr, als du den Angoter todtgeschlagen hattest, sind ihr hinten im

Stall die Ratten dazwischen gekommen; nun will sie sich vorn am Hause einen anderen bauen.'

‚So,‘ sagte Haule und zog einen leisen Pfiff durch die Zähne, ‚dazu hat sie von der Geest sich Lehm und Steine hergeschleppt! Aber dann kommt sie in den Binnenweg; — hat sie denn Concession?'

‚Weiß ich nicht,' meinte Elke; aber er hatte das letzte Wort so laut gesprochen, daß der Deichgraf aus seinem Schlummer auffuhr. ‚Was Concession?‘ frug er und sah fast wild von Einem zu der Anderen. ‚Was soll die Concession?'

Als aber Haule ihm dann die Sache vorgetragen hatte, klopfte er ihm lachend auf die Schulter: ‚Ei was, der Binnenweg ist breit genug; Gott tröst den Deichgrafen, sollt er sich auch noch um die Entenställe kümmern!'

Haule fiel es aufs Herz, daß er die Alte mit ihren jungen Enten den Ratten sollte preisgegeben haben, und er ließ sich mit dem Einwand abfinden. ‚Aber uns' Weerth,' begann er wieder, ‚es thät wohl Dem und Jenem ein kleiner Zwicker gut, und wollet Ihr ihn nicht selber greifen, so zwicket den Gevollmächtigten, der auf die Deichordnung passen soll!'

,Wie, was sagt der Junge?' und der Deichgraf setzte sich vollends auf, und Elke ließ ihren künstlichen Strumpf sinken und wandte das Ohr hinüber.

,Ja, uns' Weerth,' fuhr Haule fort, ,Ihr habt doch schon die Frühlingsschau gehalten; aber trotzdem hat Peter Jansen auf seinem Stück das Unkraut auch noch heute nicht gebußet; im Sommer werden die Stieglitzer da wieder lustig um die rothen Distel-blumen spielen! Und dicht daneben, ich weiß nicht, wem's gehört, ist an der Außenseite eine ganze Wiege in dem Deich; bei schön Wetter liegt es immer voll von kleinen Kindern, die sich darin wälzen; aber — Gott bewahr uns vor Hochwasser!'

Die Augen des alten Deichgrafen waren immer größer geworden.

,Und dann' — sagte Haule wieder.

,Was dann noch, Junge?' frug der Deichgraf; ,bist du noch nicht fertig?' und es klang, als sei der Rede seines Kleinknechts ihm schon zu viel geworden.

,Ja, dann, uns' Weerth,' sprach Haule weiter; ,Ihr kennt die dicke Vollina, die Tochter vom Gevoll-mächtigten Harders, die immer ihres Vaters Pferde aus der Fenne holt, — wenn sie nur eben mit ihren runden Waden auf der alten gelben Stute sitzt, hü hopp? so geht's allemal schräg an der Dossirung den Deich hinan!"

Haule bemerkte erst jetzt, daß Elke ihre klugen Augen auf ihn gerichtet hatte und leise ihren Kopf schüttelte.

Er schwieg; aber ein Faustschlag, den der Alte auf den Tisch that, dröhnte ihm in die Ohren, „da soll das Wetter dreinschlagen!" rief er, und Haule erschral beinahe über die Bärenstimme, die plötzlich hier hervorbrach: „Zur Brüche! Notir mir das dicke Mensch zur Brüche, Haule! Die Dirne hat mir im letzten Sommer drei junge Enten weggefangen! Ja, ja, notir nur,' wiederholte er, als Haule zögerte; ‚ich glaub sogar, es waren vier!"

‚Ei, Vater,' sagte Elke, ‚war's nicht die Otter, die die Enten nahm?"

‚Eine große Otter!" rief der Alte schnaufend; ‚werd doch die dicke Vollina und eine Otter auseinander kennen! Nein, nein, vier Enten, Haule — Aber was du im Uebrigen schwatzest, der Herr Oberdeichgraf und ich, nachdem wir zusammen in meinem Hause hier gefrühstückt hatten, sind im Frühjahr an deinem Unkraut und an deiner Wiege vorbeigefahren und haben's doch nicht sehen können. Ihr Beide aber,' und er nickte ein paar Mal bedeutsam gegen Hauke und seine Tochter, ‚danket Gott, daß ihr nicht Deichgraf seid! Zwei Augen hat man nur, und mit hundert soll man sehen. — — Nimm nur die Rechnungen über die Bestickungsarbeiten, Hauke, und sieh sie nach; die Kerls rechnen oft zu liederlich!'

Dann lehnte er sich wieder in seinen Stuhl zurück, rückte den schweren Körper ein paar Mal, und überließ sich bald dem sorgenlosen Schlummer.

\* \* \*

Dergleichen wiederholte sich an manchem Abend. Hauke hatte scharfe Augen und unterließ es nicht, wenn sie beisammensaßen, das Eine oder Andere von schädlichem Thun oder Unterlassen in Deichsachen dem Alten vor die Augen zu rücken, und da dieser sie nicht immer schließen konnte, so kam unversehens ein lebhafterer Geschäftsgang in die Verwaltung, und die, welche früher im alten Schlendrian fortgesündigt hatten und jetzt unerwartet ihre frevlen oder faulen Finger geklopft fühlten, sahen sich unwillig und verwundert um, woher die Schläge denn gekommen seien. Und Ole, der Großknecht, säumte nicht, möglichst weit die Offenbarung zu verbreiten und dadurch gegen Haufe und seinen Vater, der doch die Mitschuld tragen mußte, in diesen Kreisen einen Widerwillen zu erregen; die Anderen aber, welche nicht getroffen waren, oder denen es um die Sache selbst zu thun war, lachten und hatten ihre Freude, daß der Junge den Alten doch einmal etwas in Trab gebracht habe. ‚Schad nur,‘ sagten sie, ‚daß der Bengel nicht den gehörigen Klei unter den Füßen hat; das gäbe später sonst einmal wieder einen Deichgrafen, wie vordem sie da gewesen sind; aber die paar Demath seines Alten, die thäten's denn doch nicht!‘

Als im nächsten Herbst der Herr Amtmann und Oberdeichgraf zur Schauung kam, sah er sich den alten Tede Vollerts von oben bis unten an, während dieser ihn zum Frühstück nöthigte. ‚Wahrhaftig, Deichgraf,‘ sagte er, ‚ich dacht's mir schon, Ihr seid in der That um ein Halbstieg Jahre jünger geworden; Ihr habt mir diesmal mit all Euern Vorschlägen warm gemacht; wenn wir mit alledem nur heute fertig werden!‘

,Wird schon, wird schon, gestrenger Herr Oberdeichgraf,' erwiderte der Alte schmunzelnd; ,der Gansbraten da wird schon die Kräfte stärken! Ja, Gott sei Dank, ich bin noch allezeit frisch und munter!" Er sah sich in der Stube um, ob auch nicht etwa Haule um die Wege sei; dann setzte er in würdevoller Ruhe noch hinzu: ,So hoffe ich zu Gott, noch meines Amtes ein paar Jahre in Segen warten zu können.'

,Und darauf, lieber Deichgraf,' erwiderte sein Vorgesetzter sich erhebend, ,wollen wir dieses Glas zusammen trinken!"

Elke, die das Frühstück bestellt hatte, ging eben, während die Gläser aneinander klangen, mit leisem Lachen aus der Stubenthür. Dann holte sie eine Schüssel Abfall aus der Küche und ging durch den Stall, um es vor der Außenthür dem Federvieh vorzuwerfen. Im Stall stand Haule Haien und steckte den Kühen, die man der argen Witterung wegen schon jetzt hatte heraufnehmen müssen, mit der Furke Heu in ihre Raufen. Als er aber das Mädchen kommen sah, stieß er die Furke in den Grund. ,Nu, Elke!" sagte er.

Sie blieb stehen und nickte ihm zu: ‚Ja, Hauke; aber eben hättest du drinnen sein müssen!'

‚Meinst du? Warum denn, Elke?'

‚Der Herr Oberdeichgraf hat den Wirth gelobt!'

— ‚Den Wirth? Was thut das mir?'

‚Nein, ich mein, den Deichgrafen hat er gelobt!'

Ein dunkles Roth flog über das Gesicht des jungen Menschen: ‚Ich weiß wohl,' sagte er, ‚wohin du damit segeln willst!'

‚Werd nur nicht roth, Hauke; du warst es ja doch eigentlich, den der Oberdeichgraf lobte!'

Hauke sah sie mit halbem Lächeln an. ‚Auch du doch, Elke!' sagte er.

Aber sie schüttelte den Kopf: ‚Nein, Hauke; als ich allein der Helfer war, da wurden wir nicht gelobt. Ich kann ja auch nur rechnen; du aber siehst draußen Alles, was der Deichgraf doch wohl selber sehen sollte; du hast mich ausgestochen!'

‚Ich hab das nicht gewollt, dich am mindesten,' sagte Hauke zaghaft, und er stieß den Kopf einer Kuh zur Seite: ‚Komm, Rothbunt, friß mir nicht die Jurke auf, du sollst ja Alles haben!'

‚Denk nur nicht, daß mir's leid thut, Hauke,'

sagte nach kurzem Sinnen das Mädchen; ‚das ist ja Mannessache!‘

Da streckte Hauke ihr den Arm entgegen: ‚Elke, gieb mir die Hand darauf!‘

Ein tiefes Roth schoß unter die dunklen Brauen des Mädchens. ‚Warum? Ich lüg ja nicht!‘ rief sie.

Hauke wollte antworten; aber sie war schon zum Stall hinaus, und er stand mit seiner Furke in der Hand und hörte nur, wie draußen die Enten und Hühner um sie schnatterten und krähten.

\* \* \*

Es war im Januar von Haukes drittem Dienstjahr, als ein Winterfest gehalten werden sollte; ‚Eisboseln‘ nennen sie es hier. Ein ständiger Frost hatte beim Ruhen der Küstenwinde alle Gräben zwischen den Fennen mit einer festen ebenen Krystallfläche belegt, so daß die zerschnittenen Landstücke nun eine weite Bahn für das Werfen der kleinen mit Blei ausgegossenen Holzkugeln bildeten, womit das Ziel erreicht werden sollte. Tag aus, Tag ein wehte ein leichter Nordost: Alles war schon in Ordnung; die Geestleute in dem zu Osten über der Marsch belegenen Kirchdorf, die im vorigen Jahre gesiegt hatten, waren zum Wettkampf gefordert und hatten angenommen; von jeder Seite waren neun Werfer aufgestellt; auch der Obmann und die Kretler waren gewählt. Zu letzteren, die bei Streitfällen über einen zweifelhaften Wurf miteinander zu verhandeln hatten, wurden allezeit Leute genommen, die ihre Sache ins beste Licht zu rücken verstanden, am liebsten Burschen, die außer gesundem Menschenverstand auch noch ein lustig Mundwerk hatten. Dazu gehörte vor Allen Ole Peters, der Großknecht des Deichgrafen. ‚Werft nur wie die Teufel,‘ sagte er; ‚das Schwatzen thu ich schon umsonst!‘

Es war gegen Abend vor dem Festtag; in der Nebenstube des Kirchspielkruges droben auf der Geest war eine Anzahl von den Werfern erschienen, um über die Aufnahme einiger zuletzt noch Angemeldeten zu beschließen. Haule Haien war auch unter diesen; er hatte erst nicht wollen, obschon er seiner wurfgeübten Arme sich wohl bewußt war; aber er fürchtete durch Ole Peters, der einen Ehrenposten in dem Spiel bekleidete, zurückgewiesen zu werden; die Niederlage wollte er sich sparen. Aber Elke hatte ihm noch in der elften Stunde den Sinn gewandt: ‚Er wird's nicht wagen, Hauke,' hatte sie gesagt; ‚er ist ein Tagelöhnersohn; dein Vater hat Kuh und Pferd und ist dazu der klügste Mann im Dorf!'

‚Aber, wenn er's dennoch fertig bringt?'

Sie sah ihn halb lächelnd aus ihren dunklen Augen an. ‚Dann,' sagte sie, ‚soll er sich den Mund wischen, wenn er Abends mit seines Wirths Tochter zu tanzen denkt!' — Da hatte Hauke ihr muthig zugenickt.

Nun standen die jungen Leute, die noch in das Spiel hineinwollten, frierend und fußtrampelnd vor dem Kirchspielskrug und sahen nach der Spitze des aus Felsblöcken gebauten Kirchthurms hinauf, neben dem das Krughaus lag. Des Pastors Tauben, die sich im Sommer auf den Feldern des Dorfes nährten, kamen eben von den Höfen und Scheuern der Bauern zurück, wo sie sich jetzt ihre Körner gesucht hatten, und verschwanden unter den Schindeln des Thurmes, hinter welchen sie ihre Nester hatten; im Westen über dem Hof stand ein glühendes Abendroth.

‚Wird gut Wetter morgen!' sagte der eine der jungen Burschen und begann heftig auf und ab zu

wandern; ‚aber kalt! kalt!' Ein zweiter, als er keine
Taube mehr fliegen sah, ging in das Haus und stellte
sich horchend neben die Thür der Stube, aus der
jetzt ein lebhaftes Durcheinander-Reden herausscholl;
auch des Deichgrafen Kleinknecht war neben ihn getreten. ‚Hör, Hauke,' sagte er zu diesem; ‚nun
schreien sie um dich!' und deutlich hörte man von
drinnen Ole Peters' knarrende Stimme: ‚Kleinknechte
und Jungens gehören nicht dazu!'

‚Komm,' flüsterte der Andere und suchte Hauke
am Rockärmel an die Stubenthür zu ziehen, ‚hier
kannst du lernen, wie hoch sie dich taxiren!'

Aber Hauke riß sich los und ging wieder vor das
Haus: ‚Sie haben uns nicht ausgesperrt, damit wir's
hören sollen!' rief er zurück.

Vor dem Hause stand der Dritte der Angemeldeten. ‚Ich fürcht, mit mir hat's einen Haken,' rief
er ihm entgegen; ‚ich hab kaum achtzehn Jahre; wenn
sie nur den Taufschein nicht verlangen! Dich, Hauke,
wird dein Großknecht schon heraustreteln!'

‚Ja, heraus!' brummte Hauke und schleuderte mit
dem Fuße einen Stein über den Weg; ‚nur nicht
hinein!'

Der Lärm in der Stube wurde stärker; dann allmählich trat eine Stille ein; die draußen hörten wieder den leisen Nordost, der sich oben an der Kirchthurmspitze brach. Der Horcher trat wieder zu ihnen. „Wen hatten sie da drinnen?" frug der Achtzehnjährige.

„Den da!" sagte Jener und wies auf Haule; „Ole Peters wollte ihn zum Jungen machen; aber Alle schrien dagegen. Und sein Vater hat Vieh und Land, sagte Jeß Hansen. Ja, Land, rief Ole Peters, das man auf dreizehn Karren wegfahren kann? — Zuletzt kam Ole Hensen: Still da! schrie er; ich will's euch lehren: sagt nur, wer ist der erste Mann im Dorf? Da schwiegen sie erst und schienen sich zu besinnen; dann sagte eine Stimme: Das ist doch wohl der Deichgraf! Und alle Anderen riefen: Nun ja; unserthalb der Deichgraf! — Und wer ist denn der Deichgraf? rief Ole Hensen wieder; aber nun bedenkt euch recht! — — Da begann Einer leis zu lachen, und dann wieder Einer, bis zuletzt nichts in der Stube war als lauter Lachen. Nun, so ruft ihn, sagte Ole Hensen; ihr wollt doch nicht den Deichgrafen von der Thür stoßen! Ich glaub, sie lachen noch; aber Ole Peters' Stimme war nicht mehr zu hören!" schloß der Bursche seinen Bericht.

Fast in demselben Augenblicke wurde drinnen im Hause die Stubenthür aufgerissen, und: „Hauke! Hauke Haien!" rief es laut und fröhlich in die kalte Nacht hinaus.

Da trabte Hauke in das Haus und hörte nicht mehr, wer denn der Deichgraf sei; was in seinem Kopfe brütete, hat indessen Niemand wohl erfahren.

— — Als er nach einer Weile sich dem Hause seiner Herrschaft nahte, sah er Elke drunten am Heck der Auffahrt stehen; das Mondlicht schimmerte über die unermeßliche weiß bereifte Weidefläche. „Stehst du hier, Elke?" frug er.

Sie nickte nur: „Was ist geworden?" sagte sie; „hat er's gewagt?"

— „Was sollt er nicht!"

„Nun, und?"

— „Ja, Elke; ich darf es morgen doch versuchen!"

„Gute Nacht, Hauke!" Und sie lief flüchtig die Werfte hinan und verschwand im Hause.

Langsam folgte er ihr.

\* \* \*

Auf der weiten Weidefläche, die sich zu Osten an
der Landseite des Deiches entlang zog, sah man am
Nachmittag darauf eine dunkle Menschenmasse bald
unbeweglich stille stehen, bald, nachdem zweimal eine
hölzerne Kugel aus derselben über den durch die
Tagessonne jetzt von Reif befreiten Boden hingeflogen
war, abwärts von den hinter ihr liegenden langen
und niedrigen Häusern allmählich weiter rücken; die
Parteien der Eisbosler in der Mitte, umgeben von
Alt und Jung, was mit ihnen, sei es in jenen
Häusern oder in denen droben auf der Geest Wohnung oder Verbleib hatte; die älteren Männer in
langen Röcken, bedächtig aus kurzen Pfeifen rauchend,
die Weiber in Tüchern und Jacken, auch wohl Kinder
an den Händen ziehend oder auf den Armen tragend.
Aus den gefrorenen Gräben, welche allmählich über-
schritten wurden, funkelte durch die scharfen Schilf-
spitzen der bleiche Schein der Nachmittagssonne, es
fror mächtig; aber das Spiel ging unablässig vorwärts und Aller Augen verfolgten immer wieder die
fliegende Kugel; denn an ihr hing heute für das
ganze Dorf die Ehre des Tages. Der Kretler der
Parteien trug hier einen weißen, bei den Geestleuten

einen schwarzen Stab mit eiserner Spitze; wo die Kugel ihren Lauf geendet hatte, wurde dieser, je nachdem, unter schweigender Anerkennung oder dem Hohngelächter der Gegenpartei in den gefrorenen Boden eingeschlagen, und wessen Kugel zuerst das Ziel erreichte, der hatte für seine Partei das Spiel gewonnen.

Gesprochen wurde von all den Menschen wenig; nur wenn ein Capitalwurf geschah, hörte man wohl einen Ruf der jungen Männer oder Weiber; oder von den Alten einer nahm seine Pfeife aus dem Mund und klopfte damit unter ein paar guten Worten den Werfer auf die Schulter: „Das war ein Wurf, sagte Zacharies und warf sein Weib aus der Lute!" oder: „So warf dein Vater auch; Gott tröst ihn in der Ewigkeit!" oder was sie sonst für Gutes sagten.

Bei seinem ersten Wurfe war das Glück nicht mit Hauke gewesen: als er eben den Arm hinten ausschwang, um die Kugel fortzuschleudern, war eine Wolke von der Sonne fortgezogen, die sie vorhin bedeckt hatte, und diese traf mit ihrem vollen Strahl in seine Augen; der Wurf wurde zu kurz, die Kugel fiel auf einen Graben und blieb im Bummeis stecken.

‚Gilt nicht! Gilt nicht! Haule, noch einmal,' riefen seine Partner.

Aber der Kretler der Geestleute sprang dagegen auf: ‚Muß wohl gelten; geworfen ist geworfen!"

‚Ole! Ole Peters!" schrie die Marschjugend. ‚Wo ist Ole? Wo, zum Teufel, steckt er?"

Aber er war schon da: ‚Schreit nur nicht so! Soll Haule wo geflickt werden! Ich dacht's mir schon.'

— ‚Ei was! Haule muß noch einmal werfen; nun zeig, daß du das Maul am rechten Fleck hast!"

‚Das hab ich schon!" rief Ole und trat dem Geest-Kretler gegenüber und redete einen Haufen Gallimathias auf einander. Aber die Spitzen und Schärfen, die sonst aus seinen Worten blitzten, waren diesmal nicht dabei. Ihm zur Seite stand das Mädchen mit den Räthselbrauen und sah scharf aus zornigen Augen auf ihn hin; aber reden durfte sie nicht; denn die Frauen hatten keine Stimme in dem Spiel.

‚Du leierst Unsinn,' rief der andere Kretler, ‚weil dir der Sinn nicht dienen kann! Sonne, Mond und Sterne sind für uns Alle gleich und allezeit am Himmel; der Wurf war ungeschickt, und alle ungeschickten Würfe gelten!"

So redeten sie noch eine Weile gegen einander; aber das Ende war, daß nach Bescheid des Obmanns Haufe seinen Wurf nicht wiederholen durfte.

„Vorwärts!" riefen die Geestleute, und ihr Kretler zog den schwarzen Stab aus dem Boden, und der Werfer trat auf seinen Nummer-Ruf dort an und schleuderte die Kugel vorwärts. Als der Großknecht des Deichgrafen dem Wurfe zusehen wollte, hatte er an Elke Volkerts vorbei müssen: „Wem zu Liebe ließest du heut deinen Verstand zu Hause?" raunte sie ihm zu.

Da sah er sie fast grimmig an, und aller Spaß war aus seinem breiten Gesichte verschwunden. „Dir zu Lieb!" sagte er; „denn du hast deinen auch vergessen!"

„Geh nur; ich kenne dich, Ole Peters!" erwiderte das Mädchen sich hoch aufrichtend; er aber kehrte den Kopf ab und that, als habe er das nicht gehört.

Und das Spiel und der schwarze und der weiße Stab gingen weiter. Als Haufe wieder am Wurf war, flog seine Kugel schon so weit, daß das Ziel, die große weiß gekalkte Tonne, klar in Sicht kam. Er war jetzt ein fester junger Kerl, und Mathematik und Wurstkunst hatte er täglich während seiner Knabenzeit getrieben. ‚Oho, Haule!' rief es aus dem Haufen; ‚das war ja, als habe der Erzengel Michael selbst geworfen!' Eine alte Frau mit Kuchen und Branntwein drängte sich durch den Haufen zu ihm; sie schenkte ein Glas voll und bot es ihm: ‚Komm,' sagte sie, ‚wir wollen uns vertragen: das heut ist besser, als da du mir die Katze todtschlugst!' Als er sie ansah, erkannte er, daß es Trien' Jans war. ‚Ich dank' dir, Alte,' sagte er; ‚aber ich trink das nicht.' Er griff in seine Tasche und drückte ihr ein frischgeprägtes Marktück in die Hand: ‚Nimm das und trink selber das Glas aus, Trien'; so haben wir uns vertragen!'

‚Hast recht, Haule!' erwiderte die Alte, indem sie seiner Anweisung folgte; ‚hast recht; das ist auch besser für ein altes Weib, wie ich!'

‚Wie geht's mit deinen Enten?' rief er ihr noch nach, als sie sich schon mit ihrem Korbe fortmachte; aber sie schüttelte nur den Kopf, ohne sich umzuwenden, und patschte mit ihren alten Händen in die Luft. ‚Nichts, nichts, Haule; da sind zu viele Ratten in euren Gräben; Gott tröst mich; man muß sich anders nähren!" Und somit drängte sie sich in den Menschenhaufen und bot wieder ihren Schnaps und ihre Honigkuchen an.

Die Sonne war endlich schon hinter den Deich hinabgesunken; statt ihrer glimmte ein rothvioletter Schimmer empor; mitunter flogen schwarze Krähen vorüber und waren auf Augenblicke wie vergoldet, es wurde Abend. Auf den Fennen aber rückte der dunkle Menschentrupp noch immer weiter von den schwarzen schon fern liegenden Häusern nach der Tonne zu; ein besonders tüchtiger Wurf mußte sie jetzt erreichen können. Die Marschleute waren an der Reihe; Haule sollte werfen.

Die kreidige Tonne zeichnete sich weiß in dem breiten Abendschatten, der jetzt von dem Deiche über die Fläche fiel. „Die werdet ihr uns diesmal wohl noch lassen!" rief einer von den Geestleuten; denn es ging scharf her; sie waren um mindestens ein halb Stieg Fuß im Vortheil.

Die hagere Gestalt des Genannten trat eben aus der Menge; die grauen Augen sahen aus dem langen Friesengesicht vorwärts nach der Tonne; in der herabhängenden Hand lag die Kugel.

‚Der Vogel ist dir wohl zu groß,' hörte er in diesem Augenblicke Ole Peters' Knarrstimme dicht vor seinen Ohren: ‚Sollen wir ihn um einen grauen Topf vertauschen?'

Haule wandte sich und blickte ihn mit festen Augen an: ‚Ich werfe für die Marsch!' sagte er. ‚Wohin gehörst denn du?'

‚Ich denke, auch dahin; du wirfst doch wohl für Elke Volkerts!'

‚Beiseit!' schrie Haule und stellte sich wieder in Positur. Aber Ole drängte mit dem Kopf noch näher auf ihn zu. Da plötzlich, bevor noch Haule selber etwas dagegen unternehmen konnte, packte den Zubringlichen eine Hand und riß ihn rückwärts, daß der Bursche gegen seine lachenden Kameraden taumelte. Es war keine große Hand gewesen, die das gethan hatte; denn als Haule flüchtig den Kopf wandte, sah er neben sich Elke Volkerts ihren Aermel zurecht zupfen, und die dunklen Brauen standen ihr wie zornig in dem heißen Antlitz.

Da flog es wie eine Stahlkraft in Haules Arm; er neigte sich ein wenig, er wiegte die Kugel ein paarmal in der Hand; dann holte er aus, und eine

Todesstille war auf beiden Seiten; alle Augen folgten der fliegenden Kugel, man hörte ihr Sausen, wie sie die Luft durchschnitt; plötzlich, schon weit vom Wurfplatz, verdeckten sie die Flügel einer Silbermöve, die ihren Schrei ausstoßend vom Deich herüberkam; zugleich aber hörte man es in der Ferne an die Tonne klatschen. „Hurrah für Hauke!" riefen die Marschleute und lärmend ging es durch die Menge: „Hauke! Hauke Haien hat das Spiel gewonnen!"

Der aber, da ihn Alle dicht umdrängten, hatte seitwärts nur nach einer Hand gegriffen; auch da sie wieder riefen: „Was stehst du, Hauke? Die Kugel liegt ja in der Tonne!" nickte er nur und ging nicht von der Stelle; erst als er fühlte, daß sich die kleine Hand fest an die seine schloß, sagte er: „Ihr mögt schon recht haben; ich glaube auch, ich hab gewonnen!"

Dann strömte der ganze Trupp zurück, und Elke und Hauke wurden getrennt und von der Menge auf den Weg zum Kruge fortgerissen, der an des Deichgrafen Werfte nach der Geest hinaufbog. Hier aber entschlüpften Beide dem Gedränge, und während Elke auf ihre Kammer ging, stand Hauke hinten vor der

Stallthür auf der Werste und sah, wie der dunkle Menschentrupp allmählich nach dort hinaufwanderte, wo im Kirchspielskrug ein Raum für die Tanzenden bereit stand. Das Dunkel breitete sich allmählich über die weite Gegend; es wurde immer stiller um ihn her, nur hinter ihm im Stalle regte sich das Vieh; oben von der Geest her glaubte er schon das Pfeifen der Clarinetten aus dem Kruge zu vernehmen. Da hörte er um die Ecke des Hauses das Rauschen eines Kleides, und kleine feste Schritte gingen den Fußsteig hinab, der durch die Fennen nach der Geest hinauf= führte. Nun sah er auch im Dämmer die Gestalt dahinschreiten und sah, daß es Elke war; sie ging auch zum Tanze nach dem Krug. Das Blut schoß ihm in den Hals hinauf; sollte er ihr nicht nach= laufen und mit ihr gehen? Aber Haule war kein Held den Frauen gegenüber; mit dieser Frage sich beschäftigend blieb er stehen, bis sie im Dunkel seinem Blick entschwunden war.

Dann, als die Gefahr sie einzuholen vorüber war, ging auch er denselben Weg, bis er droben den Krug bei der Kirche erreicht hatte, und das Schwatzen und Schreien der vor dem Hause und auf dem Flur sich

Drängenden und das Schrillen der Geigen und Clarinetten betäubend ihn umrauschte. Unbeachtet drückte er sich in den „Gildesaal"; er war nicht groß und so voll, daß man kaum einen Schritt weit vor sich hinsehen konnte. Schweigend stellte er sich an den Thürpfosten und blickte in das unruhige Gewimmel; die Menschen kamen ihm wie Narren vor; er hatte auch nicht zu sorgen, daß Jemand noch an den Kampf des Nachmittages dachte, und wer vor einer Stunde erst das Spiel gewonnen hatte; Jeder sah nur auf seine Dirne und drehte sich mit ihr im Kreis herum. Seine Augen suchten nur die Eine, und endlich — dort! Sie tanzte mit ihrem Vetter, dem jungen Deichgevollmächtigten; aber schon sah er sie nicht mehr; nur andere Dirnen aus Marsch und Geest, die ihn nicht kümmerten. Dann schnappten Violinen und Clarinetten plötzlich ab, und der Tanz war zu Ende; aber gleich begann auch schon ein anderer. Hauke flog es durch den Kopf, ob denn Elke ihm auch Wort halten, ob sie nicht mit Ole Peters ihm vorbeitanzen werde. Fast hätte er einen Schrei bei dem Gedanken ausgestoßen; dann — — ja, was wollte er dann? Aber sie schien bei diesem Tanze

gar nicht mitzuhalten, und endlich ging auch der zu
Ende, und ein anderer, ein Zweitritt, der eben erst
hier in die Mode gekommen war, folgte. Wie rasend
setzte die Musik ein, die jungen Kerle stürzten zu den
Dirnen, die Lichter an den Wänden flirrten. Hauke
reckte sich fast den Hals aus, um die Tanzenden zu
erkennen; und dort, im dritten Paare, das war Ole
Peters; aber wer war die Tänzerin? Ein breiter
Marschbursche stand vor ihr und deckte ihr Gesicht!
Doch der Tanz raste weiter, und Ole mit seiner
Partnerin drehte sich heraus; „Vollina! Vollina Har-
bers!" rief Hauke fast laut und seufzte dann gleich
wieder erleichtert auf. Aber wo blieb Elke? Hatte
sie keinen Tänzer, oder hatte sie alle ausgeschlagen,
weil sie nicht mit Ole hatte tanzen wollen? — Und
die Musik setzte wieder ab, und ein neuer Tanz
begann; aber wieder sah er Elke nicht! Doch dort
kam Ole, noch immer die dicke Vollina in den Armen!
„Nun, nun,' sagte Hauke; ‚da wird Jeß Harders mit
seinen fünfundzwanzig Demath auch wohl bald aufs
Altentheil müssen! — Aber wo ist Elke?"

Er verließ seinen Thürpfosten und drängte sich
weiter in den Saal hinein; da stand er plötzlich vor

ihr, die mit einer älteren Freundin in einer Ecke saß. „Hauke!" rief sie, mit ihrem schmalen Antlitz zu ihm aufblickend; „bist du hier? Ich sah dich doch nicht tanzen!"

‚Ich tanzte auch nicht,' erwiderte er.

— ‚Weshalb nicht, Hauke?" und sich halb erhebend, setzte sie hinzu: ‚Willst du mit mir tanzen? Ich hab es Ole Peters nicht gegönnt; der kommt nicht wieder!'

Aber Hauke machte keine Anstalt: ‚Ich danke, Elke,' sagte er; ‚ich verstehe das nicht gut genug; sie könnten über dich lachen; und dann ...' er stockte plötzlich und sah sie nur aus seinen grauen Augen herzlich an, als ob er's ihnen überlassen müsse, das Uebrige zu sagen.

‚Was meinst du, Hauke?' frug sie leise.

— ‚Ich mein, Elke, es kann ja doch der Tag nicht schöner für mich ausgehn, als er's schon gethan hat.'

‚Ja,' sagte sie, ‚du hast das Spiel gewonnen.'

‚Elke!' mahnte er kaum hörbar.

Da schlug ihr eine heiße Lohe in das Angesicht: ‚Geh!' sagte sie; ‚was willst du?' und schlug die Augen nieder.

Als aber die Freundin jetzt von einem Burschen

zum Tanze fortgezogen wurde, sagte Haule lauter: „Ich dachte, Elke, ich hätt was Besseres gewonnen!"

Noch ein paar Augenblicke suchten ihre Augen auf dem Boden; dann hob sie sie langsam, und ein Blick, mit der stillen Kraft ihres Wesens, traf in die seinen, der ihn wie Sommerluft durchströmte. „Thu, wie dir ums Herz ist, Haule!" sprach sie; „wir sollten uns wohl kennen!"

Elke tanzte an diesem Abend nicht mehr, und als Beide dann nach Hause gingen, hatten sie sich Hand in Hand gefaßt; aus der Himmelshöhe funkelten die Sterne über der schweigenden Marsch; ein leichter Ostwind wehte und brachte strenge Kälte; die Beiden aber gingen, ohne viel Tücher und Umhang, dahin, als sei es plötzlich Frühling worden.

\* \* \*

Haule hatte sich auf ein Ding besonnen, dessen passende Verwendung zwar in ungewisser Zukunft lag, mit dem er sich aber eine stille Feier zu bereiten gedachte. Deßhalb ging er am nächsten Sonntag in die Stadt zum alten Goldschmied Andersen und bestellte einen starken Goldring. „Streckt den Finger her, damit wir messen!" sagte der Alte und faßte ihm nach dem Goldfinger. „Nun," meinte er, „der ist nicht gar so dick, wie sie bei Euch Leuten sonst zu sein pflegen!" Aber Haule sagte: „Messet lieber am kleinen Finger!" und hielt ihm den entgegen.

Der Goldschmied sah ihn etwas verdutzt an; aber was kümmerten ihn die Einfälle der jungen Bauernburschen: „Da werden wir schon so einen unter den Mädchenringen haben!" sagte er, und Haule schoß das Blut durch beide Wangen. Aber der kleine Goldring paßte auf seinen kleinen Finger, und er nahm ihn hastig und bezahlte ihn mit blankem Silber; dann steckte er ihn unter lautem Herzklopfen, und als ob er einen feierlichen Act begehe, in die Westentasche. Dort trug er ihn seitdem an jedem Tage mit Unruhe und doch mit Stolz, als sei die Westentasche nur dazu da, um einen Ring darin zu tragen.

Er trug ihn so über Jahr und Tag, ja der Ring mußte sogar aus dieser noch in eine neue Westentasche wandern; die Gelegenheit zu seiner Befreiung hatte sich noch immer nicht ergeben wollen. Wohl war's ihm durch den Kopf geflogen, nur graden Wegs vor seinen Wirth hinzutreten; sein Vater war ja doch auch ein Eingesessener! Aber wenn er ruhiger wurde, dann wußte er wohl, der alte Deichgraf würde seinen Kleinknecht ausgelacht haben. Und so lebten er und des Deichgrafen Tochter neben einander hin; auch sie in mädchenhaftem Schweigen, und Beide doch, als ob sie allzeit Hand in Hand gingen.

Ein Jahr nach jenem Winterfesttag hatte Ole Peters seinen Dienst gekündigt und mit Vollina Harders Hochzeit gemacht; Hauke hatte recht gehabt: der Alte war auf Altentheil gegangen, und statt der dicken Tochter ritt nun der muntere Schwiegersohn die gelbe Stute in die Fenne und, wie es hieß, rückwärts allzeit gegen den Deich hinan. Hauke war Großknecht geworden, und ein Jüngerer an seine Stelle getreten; wohl hatte der Deichgraf ihn erst nicht wollen aufrücken lassen. „Kleinknecht ist besser!" hatte er gebrummt; „ich brauch ihn hier bei meinen Büchern!" Aber Elke hatte ihm vorgehalten: „dann geht auch Hauke, Vater!" Da war dem Alten bange geworden, und Hauke war zum Großknecht aufgerückt, hatte aber trotz dessen nach wie vor auch an der Deichgrafschaft mitgeholfen.

Nach einem anderen Jahr aber begann er gegen

Elke davon zu reden, sein Vater werde kümmerlich, und die paar Tage, die der Wirth ihn im Sommer in dessen Wirthschaft lasse, thäten's nun nicht mehr; der Alte quäle sich, er dürfe das nicht länger ansehen. — Es war ein Sommerabend; die Beiden standen im Dämmerschein unter der großen Eiche vor der Hausthür. Das Mädchen sah eine Weile stumm in die Zweige des Baumes hinauf; dann entgegnete sie: ‚Ich hab's nicht sagen wollen, Hauke; ich dachte, du würdest selber wohl das Rechte treffen.‘

‚Ich muß dann fort aus eurem Hause,‘ sagte er, ‚und kann nicht wiederkommen.‘

Sie schwiegen eine Weile und sahen in das Abendroth, das drüben hinterm Deiche in das Meer versank. ‚Du mußt es wissen,‘ sagte sie; ‚ich war heut Morgen noch bei deinem Vater und fand ihn in seinem Lehnstuhl eingeschlafen; die Reißfeder in der Hand, das Reißbrett mit einer halben Zeichnung lag vor ihm auf dem Tisch; — und da er erwacht war und mühsam ein Viertelstündchen mit mir geplaudert hatte, und ich nun gehen wollte, da hielt er mich so angstvoll an der Hand zurück, als fürchte er, es sei zum letzten Mal; aber ...‘

‚Was aber, Elke?' frug Haufe, da sie fortzufahren zögerte.

Ein paar Thränen rannen über die Wangen des Mädchens. ‚Ich dachte nur an meinen Vater,' sagte sie; ‚glaub mir, es wird ihn schwer ankommen, dich zu missen.' Und als ob sie zu dem Worte sich ermannen müsse, fügte sie hinzu: ‚Mir ist es oft, als ob auch er auf seine Todtenkammer rüste.'

Haufe antwortete nicht; ihm war es plötzlich, als rührte sich der Ring in seiner Tasche; aber noch bevor er seinen Unmuth über diese unwillkürliche Lebensregung unterdrückt hatte, fuhr Elke fort: ‚Nein, zürn nicht, Haufe! Ich trau, du wirst auch so uns nicht verlassen!'

Da ergriff er eifrig ihre Hand, und sie entzog sie ihm nicht. Noch eine Weile standen die jungen Menschen in dem sinkenden Dunkel bei einander, bis ihre Hände aus einander glitten, und Jedes seine Wege ging. — Ein Windstoß fuhr empor und rauschte durch die Eschenblätter und machte die Läden klappern, die an der Vorderseite des Hauses waren; allmählich aber kam die Nacht, und Stille lag über der ungeheuren Ebene.

\* \* \*

Durch Elkes Zuthun war Haufe von dem alten Deichgrafen seines Dienstes entlassen worden, obgleich er ihm rechtzeitig nicht gekündigt hatte, und zwei neue Knechte waren jetzt im Hause. — Noch ein paar Monate weiter, dann starb Tede Haien; aber bevor er starb, rief er den Sohn an seine Lagerstatt: ‚Setz dich zu mir, mein Kind,‘ sagte der Alte mit matter Stimme, ‚dicht zu mir! Du brauchst dich nicht zu fürchten; wer bei mir ist, das ist nur der dunkle Engel des Herrn, der mich zu rufen kommt.‘

Und der erschütterte Sohn setzte sich dicht an das dunkle Wandbett: ‚Sprecht, Vater, was Ihr noch zu sagen habt!‘

‚Ja, mein Sohn, noch Etwas,‘ sagte der Alte und streckte seine Hände über das Deckbett. ‚Als du, noch ein halber Junge, zu dem Deichgrafen in Dienst gingst, da lag's in deinem Kopf, das selbst einmal zu werden. Das hatte mich angesteckt, und ich dachte auch allmählich, du seiest der rechte Mann dazu. Aber dein Erbe war für solch ein Amt zu klein — ich habe während deiner Dienstzeit knapp gelebt — ich dacht es zu vermehren.‘

Haufe faßte heftig seines Vaters Hände, und der

Alte suchte sich aufzurichten, daß er ihn sehen könne. ‚Ja, ja, mein Sohn,‘ sagte er, ‚dort in der obersten Schublade der Schatulle liegt das Document. Du weißt, die alte Antje Wohlers hat eine Fenne von fünf und einem halben Demath; aber sie konnte mit dem Miethgelde allein in ihrem krüppelhaften Alter nicht mehr durchfinden; da habe ich allzeit um Martini eine bestimmte Summe, und auch mehr, wenn ich es hatte, dem armen Mensch gegeben; und dafür hat sie die Fenne mir übertragen; es ist Alles gerichtlich fertig. — — Nun liegt auch sie am Tode; die Krankheit unserer Marschen, der Krebs, hat sie befallen; du wirst nicht mehr zu zahlen brauchen!‘

Eine Weile schloß er die Augen; dann sagte er noch: ‚Es ist nicht viel; doch hast du mehr dann, als du bei mir gewohnt warst. Mög es dir zu deinem Erdenleben dienen!‘

Unter den Dankesworten des Sohnes schlief der Alte ein. Er hatte nichts mehr zu besorgen; und schon nach einigen Tagen hatte der dunkle Engel des Herrn ihm seine Augen für immer zugedrückt, und Hauke trat sein väterliches Erbe an.

— — Am Tage nach dem Begräbniß kam Elke

in dessen Haus. „Dank, daß du einguckst, Elke!" rief Hauke ihr als Gruß entgegen.

Aber sie erwiderte: „Ich guck nicht ein; ich will bei dir ein wenig Ordnung schaffen, damit du ordentlich in deinem Hause wohnen kannst! Dein Vater hat vor seinen Zahlen und Rissen nicht viel um sich gesehen, und auch der Tod schafft Wirrsal; ich will's dir wieder ein wenig lebig machen!"

Er sah aus seinen grauen Augen voll Vertrauen auf sie hin: „So schaff nur Ordnung!" sagte er; „ich hab's auch lieber."

Und dann begann sie aufzuräumen: das Reißbrett, das noch da lag, wurde abgestäubt und auf den Boden getragen; Reißfedern und Bleistift und Kreide sorgfältig in einer Schatullen-Schublade weggeschlossen; dann wurde die junge Dienstmagd zur Hülfe hereingerufen, und mit ihr das Geräthe der ganzen Stube in eine andere und bessere Stellung gebracht, so daß es anschien, als sei dieselbe nun heller und größer geworden. Lächelnd sagte Elke: „Das können nur wir Frauen!" und Hauke, trotz seiner Trauer um den Vater, hatte mit glücklichen Augen zugesehen; auch wohl selber, wo es nöthig war, geholfen.

Und als gegen die Dämmerung — es war zu Anfang des Septembers — Alles war, wie sie es für ihn wollte, faßte sie seine Hand und nickte ihm mit ihren dunklen Augen zu: „Nun komm und iß bei uns zu Abend; denn meinem Vater hab ich's versprechen müssen, dich mitzubringen; wenn du dann heimgehst, kannst du ruhig in dein Haus treten!"

Als sie dann in die geräumige Wohnstube des Deichgrafen traten, wo bei verschlossenen Läden schon die beiden Lichter auf dem Tische brannten, wollte dieser aus seinem Lehnstuhl in die Höhe, aber mit seinem schweren Körper zurücksinkend, rief er nur seinem früheren Knecht entgegen: „Recht, recht, Hauke, daß du deine alten Freunde aufsuchst! Komm nur näher, immer näher!" Und als Hauke an seinen Stuhl getreten war, faßte er dessen Hand mit seinen beiden runden Händen: „Nun, nun, mein Junge;" sagte er, „sei nur ruhig jetzt; denn sterben müssen wir Alle, und dein Vater war keiner von den Schlechtsten! — Aber Elke, nun sorg, daß du den Braten auf den Tisch kriegst; wir müssen uns stärken! Es giebt viel Arbeit für uns, Hauke! Die Herbstschau ist in Anmarsch; Deich- und Sielrechnungen haushoch; der neuliche Deichschaden am Westertoog — ich weiß nicht, wo mir der Kopf steht; aber deiner, Gott Lob, ist um ein gut Stück jünger; du bist ein braver Junge, Hauke!"

Und nach dieser langen Rede, womit der Alte sein ganzes Herz dargelegt hatte, ließ er sich in seinen Stuhl zurückfallen und blinzelte sehnsüchtig nach der Thür, durch welche Elke eben mit der Bratenschüssel hereintrat. Hauke stand lächelnd neben ihm. ‚Nun setz dich,' sagte der Deichgraf, ‚damit wir nicht unnöthig Zeit verspillen; kalt schmeckt das nicht!'

Und Hauke setzte sich; es schien ihm Selbstverstand, die Arbeit von Elkes Vater mitzuthun. Und als die Herbstschau dann gekommen war, und ein paar Monde mehr ins Jahr gingen, da hatte er freilich auch den besten Theil daran gethan."

\* \* \*

Der Erzähler hielt inne und blickte um sich. Ein Mövenschrei war gegen das Fenster geschlagen, und draußen vom Hausflur aus wurde ein Trampeln hörbar, als ob einer den Klei von seinen schweren Stiefeln abtrete.

Deichgraf und Gevollmächtigte wandten die Köpfe gegen die Stubenthür. „Was ist?" rief der Erstere.

Ein starker Mann, den Südwester auf dem Kopf, war eingetreten. „Herr," sagte er, „wir Beide haben es gesehen, Hans Nickels und ich: der Schimmelreiter hat sich in den Bruch gestürzt!"

„Wo saht Ihr das?" frug der Deichgraf.

— „Es ist ja nur die eine Wehle; in Jansens Fenne, wo der Haule-Haienkoog beginnt."

„Saht Ihr's nur einmal?"

— „Nur einmal; es war auch nur wie Schatten; aber es braucht drum nicht das erste Mal gewesen zu sein."

Der Deichgraf war aufgestanden. „Sie wollen entschuldigen," sagte er, sich zu mir wendend, „wir müssen draußen nachsehen, wo das Unheil hin will!" Dann ging er mit dem Boten zur Thür hinaus; aber auch die übrige Gesellschaft brach auf und folgte ihm.

Ich blieb mit dem Schullehrer allein in dem großen öden Zimmer; durch die unverhangenen Fenster, welche nun nicht mehr durch die Rücken der davor sitzenden Gäste verdeckt wurden, sah man frei hinaus, und wie der Sturm die dunklen Wolken über den Himmel jagte. Der Alte saß noch auf seinem Platze, ein überlegenes, fast mitleidiges Lächeln auf seinen Lippen. „Es ist hier zu leer geworden," sagte er; „darf ich Sie zu mir auf mein Zimmer laden? Ich wohne hier im Hause; und glauben Sie mir, ich kenne die Wetter hier am Deich; für uns ist nichts zu fürchten."

Ich nahm das dankend an; denn auch mich wollte hier zu frösteln anfangen, und wir stiegen unter Mitnahme eines Lichtes die Stiegen zu einer Giebelstube hinauf, die zwar gleichfalls gegen Westen hinauslag, deren Fenster aber jetzt mit dunklen Wollteppichen verhangen waren. In einem Bücherregal sah ich eine kleine Bibliothek, daneben die Porträte zweier alter Professoren; vor einem Tische stand ein großer Ohrenlehnstuhl. „Machen Sie sich's bequem!" sagte mein freundlicher Wirth und warf einige Torf in den noch glimmenden kleinen Ofen, der oben von einem Blechkessel gekrönt war. „Nur noch ein Weilchen! Er wird bald sausen; dann brau ich uns ein Gläschen Grog; das hält Sie munter!"

„Dessen bedarf es nicht," sagte ich; „ich werd

nicht schläfrig, wenn ich Ihren Hauke auf seinem Lebensweg begleite!"

— „Meinen Sie?" und er nickte mit seinen klugen Augen zu mir herüber, nachdem ich behaglich in seinem Lehnstuhl untergebracht war. „Nun, wo blieben wir denn? — — Ja, ja; ich weiß schon! Also:

Hauke hatte sein väterliches Erbe angetreten, und da die alte Antje Wohlers auch ihrem Leiden erlegen war, so hatte deren Fenne es vermehrt. Aber seit dem Tode, oder, richtiger, seit den letzten Worten seines Vaters war in ihm Etwas aufgewachsen, dessen Keim er schon seit seiner Knabenzeit in sich getragen hatte; er wiederholte es sich mehr als zu oft, er sei der rechte Mann, wenn's einen neuen Deichgrafen geben müsse. Das war es; sein Vater, der es verstehen mußte, der ja der klügste Mann im Dorf gewesen war, hatte ihm dieses Wort wie eine letzte Gabe seinem Erbe beigelegt; die Wohlersche Fenne, die er ihm auch verdankte, sollte den ersten Trittstein zu dieser Höhe bilden! Denn, freilich, auch mit dieser — ein Deichgraf mußte noch einen anderen Grundbesitz aufweisen können! — — Aber sein Vater hatte sich einsame Jahre knapp beholfen, und mit dem, was er sich entzogen hatte, war er des neuen Besitzes Herr geworden; das konnte er auch, er konnte noch mehr; denn seines Vaters Kraft war schon verbraucht gewesen, er aber konnte noch jahrelang die schwerste Arbeit thun! — — Freilich, wenn er es dadurch nach dieser Seite hin erzwang, durch die Schärfen und Spitzen, die er der Verwaltung seines alten Dienstherrn zugesetzt hatte, war ihm eben keine Freundschaft im Dorf zuwege gebracht worden, und Ole Peters, sein alter Widersacher, hatte jüngsthin eine Erbschaft gethan und begann ein wohlhabender Mann zu werden! Eine Reihe von Gesichtern ging vor seinem inneren Blick vorüber, und sie sahen ihn alle mit bösen Augen an; da faßte ihn ein Groll gegen diese Menschen, er streckte die Arme aus, als griffe er nach ihnen; denn sie wollten ihn vom Amte drängen, zu dem von Allen nur er berufen war. — Und die Gedanken ließen ihn nicht; sie waren immer wieder da, und so wuchsen in seinem jungen Herzen neben der Ehrenhaftigkeit und Liebe auch die Ehrsucht und der Haß. Aber diese beiden verschloß er tief in seinem Inneren; selbst Elke ahnte nichts davon.

— Als das neue Jahr gekommen war, gab es eine Hochzeit; die Braut war eine Verwandte von den Haiens, und Haule und Elke waren Beide dort geladene Gäste; ja, bei dem Hochzeitsessen traf es sich durch das Ausbleiben eines näheren Verwandten, daß sie ihre Plätze nebeneinander fanden. Nur ein Lächeln, das über Beider Antlitz glitt, verrieth ihre Freude darüber. Aber Elke saß heute theilnahmlos in dem Geräusche des Plauderns und Gläserklirrens.

„Fehlt dir etwas?" frug Haule.

— „O, eigentlich nichts; es sind mir nur zu viele Menschen hier."

„Aber du siehst so traurig aus!"

Sie schüttelte den Kopf; dann sprachen sie wieder nicht.

Da stieg es über ihr Schweigen wie Eifersucht in ihm auf, und heimlich unter dem überhängenden Tischtuch ergriff er ihre Hand; aber sie zuckte nicht, sie schloß sich wie vertrauensvoll um seine. Hatte ein Gefühl der Verlassenheit sie befallen, da ihre Augen täglich auf der hinfälligen Gestalt des Vaters haften mußten? — Haule dachte nicht daran, sich so zu fragen; aber ihm stand der Athem still, als er jetzt seinen Goldring aus der Tasche zog. ‚Läßt du ihn sitzen?' frug er zitternd, während er den Ring auf den Goldfinger der schmalen Hand schob.

Gegenüber am Tische saß die Frau Pastorin; sie legte plötzlich ihre Gabel hin und wandte sich zu ihrem Nachbar: ‚Mein Gott, das Mädchen!' rief sie; ‚sie wird ja todtenblaß!'

Aber das Blut kehrte schon zurück in Elkes Antlitz. ‚Kannst du warten, Haule?' frug sie leise.

Der kluge Friese besann sich doch noch ein paar Augenblicke. ‚Auf was?' sagte er dann.

— ‚Du weißt das wohl; ich brauch dir's nicht zu sagen.'

‚Du hast recht,' sagte er; ‚ja, Elke, ich kann warten — wenn's nur ein menschlich Absehen hat!'

‚O Gott, ich fürchte, ein nahes! Sprich nicht so, Haule; du sprichst von meines Vaters Tod!' Sie legte die andere Hand auf ihre Brust: ‚Bis dahin,' sagte sie, ‚trag ich den Goldring hier; du sollst nicht fürchten, daß du bei meiner Lebzeit ihn zurückbekommst!'

Da lächelten sie Beide, und ihre Hände preßten

sich ineinander, daß bei anderer Gelegenheit das Mädchen wohl laut aufgeschrien hätte.

Die Frau Pastorin hatte indessen unablässig nach Elkes Augen hingesehen, die jetzt unter dem Spitzenstrich des goldbrokatenen Käppchens wie in dunklem Feuer brannten. Bei dem zunehmenden Getöse am Tische aber hatte sie nichts verstanden; auch an ihren Nachbar wandte sie sich nicht wieder; denn keimende Ehen — und um eine solche schien es ihr sich denn doch hier zu handeln — schon um des daneben keimenden Traupfennigs für ihren Mann, den Pastor, pflegte sie nicht zu stören.

\* \* \*

Elkes Vorahnung war in Erfüllung gegangen; eines Morgens nach Ostern hatte man den Deichgrafen Tede Volkerts todt in seinem Bett gefunden; man sah's an seinem Antlitz, ein ruhiges Ende war darauf geschrieben. Er hatte auch mehrfach in den letzten Monden Lebensüberdruß geäußert; sein Leibgericht, der Ofenbraten, selbst seine Enten hatten ihm nicht mehr schmecken wollen.

Und nun gab es eine große Leiche im Dorf.

Droben auf der Geest auf dem Begräbnißplatz um die Kirche war zu Westen eine mit Schmiedegitter umhegte Grabstätte; ein breiter blauer Grabstein stand jetzt aufgehoben gegen eine Trauseresche, auf welchem das Bild des Todes mit stark gezahnten Kiefern ausgehauen war; darunter in großen Buchstaben:

> Dat is de Dot, de Allens fritt,
> Nimmt Kunst un Wetenschop di mit;
> De kloke Mann is nu vergan,
> Gott gäw em selig Uperstan.

Es war die Begräbnißstätte des früheren Deichgrafen Volkert Tedsen; nun war eine frische Grube gegraben, wo hinein dessen Sohn, der jetzt verstorbene Deichgraf Tede Volkerts begraben werden sollte. Und schon kam unten aus der Marsch der Leichenzug heran, eine Menge Wagen aus allen Kirchspielsdörfern; auf dem vordersten stand der schwere Sarg, die beiden blanken Rappen des deichgräflichen Stalles zogen ihn schon den sandigen Anberg zur Geest hinauf; Schweife und Mähnen wehten in dem scharfen Frühjahrswind. Der Gottesacker um die Kirche war bis an die Wälle mit Menschen angefüllt; selbst auf dem gemauerten Thore huckten Buben mit kleinen

Kindern in den Armen; sie wollten alle das Begraben ansehen.

Im Hause drunten in der Marsch hatte Elke in Pesel und Wohngelaß das Leichenmahl gerüstet; alter Wein wurde bei den Gedecken hingestellt; an den Platz des Oberdeichgrafen — denn auch er war heut nicht ausgeblieben — und an den des Pastors je eine Flasche Langlort. Als Alles besorgt war, ging sie durch den Stall vor die Hofthür; sie traf Niemanden auf ihrem Wege; die Knechte waren mit zwei Gespannen in der Leichenfuhr. Hier blieb sie stehen und sah, während ihre Trauerkleider im Frühlingswinde flatterten, wie drüben an dem Dorfe jetzt die letzten Wagen zur Kirche hinauffuhren. Nach einer Weile entstand dort ein Gewühl, dem eine Todtenstille zu folgen schien. Elke faltete die Hände; sie senkten wohl den Sarg jetzt in die Grube: „Und zur Erde wieder sollst du werden!" Unwillkürlich, leise, als hätte sie von dort es hören können, sprach sie die Worte nach; dann füllten ihre Augen sich mit Thränen, ihre über der Brust gefalteten Hände sanken in den Schooß; „Vater unser, der du bist im Himmel!" betete sie voll Inbrunst. Und als das

Gebet des Herrn zu Ende war, stand sie noch lange unbeweglich, sie, die jetzige Herrin dieses großen Marschhofes; und Gedanken des Todes und des Lebens begannen sich in ihr zu streiten.

Ein fernes Rollen weckte sie. Als sie die Augen öffnete, sah sie schon wieder einen Wagen um den anderen in rascher Fahrt von der Marsch herab und gegen ihren Hof heran kommen. Sie richtete sich auf, blickte noch einmal scharf hinaus und ging dann, wie sie gekommen war, durch den Stall in die feierlich hergestellten Wohnräume zurück. Auch hier war Niemand; nur durch die Mauer hörte sie das Rumoren der Mägde in der Küche. Die Festtafel stand so still und einsam; der Spiegel zwischen den Fenstern war mit weißen Tüchern zugesteckt und ebenso die Messingknöpfe an dem Beilegerofen; es blinkte nichts mehr in der Stube. Elke sah die Thüren vor dem Wandbett, in dem ihr Vater seinen letzten Schlaf gethan hatte, offen stehen und ging hinzu und schob sie fest zusammen; wie gedankenlos las sie den Sinnspruch, der zwischen Rosen und Nelken mit goldenen Buchstaben darauf geschrieben stand:

„Heſt du din Dagwark richtig dan,
Da kommt de Slap von ſülvſt heran."

Das war noch von dem Großvater! — Einen Blick warf ſie auf den Wandſchrank; er war faſt leer; aber durch die Glasthüren ſah ſie noch den geſchliffenen Pocal darin, der ihrem Vater, wie er gern erzählt hatte, einſt bei einem Ringreiten in ſeiner Jugend als Preis zu Theil geworden war. Sie nahm ihn heraus und ſetzte ihn bei dem Gedeck des Oberdeichgrafen. Dann ging ſie ans Fenſter; denn ſchon hörte ſie die Wagen an der Werfte heraufrollen; einer um den anderen hielt vor dem Hauſe, und munterer, als ſie gekommen waren, ſprangen jetzt die Gäſte von ihren Sitzen auf den Boden. Hände reibend und plaudernd drängte ſich Alles in die Stube; nicht lange, ſo ſetzte man ſich an die feſtliche Tafel, auf der die wohlbereiteten Speiſen dampften, im Peſel der Oberdeichgraf mit dem Paſtor; und Lärm und lautes Schwatzen lief den Tiſch entlang, als ob hier nimmer der Tod ſeine furchtbare Stille ausgebreitet hätte. Stumm, das Auge auf ihre Gäſte, ging Elke mit den Mägden an den Tiſchen herum, daß an dem Leichenmahle nichts verſehen werde. Auch

Haule Haien saß im Wohnzimmer neben Ole Peters und anderen kleineren Besitzern.

Nachdem das Mahl beendet war, wurden die weißen Thonpfeifen aus der Ecke geholt und angebrannt, und Elke war wiederum geschäftig, die gefüllten Kaffeetassen den Gästen anzubieten; denn auch der wurde heute nicht gespart. Im Wohnzimmer an dem Pulte des eben Begrabenen stand der Oberdeichgraf, im Gespräche mit dem Pastor und dem weißhaarigen Deichgevollmächtigten Jewe Manners. „Alles gut, Ihr Herren,' sagte der Erste, ‚den alten Deichgrafen haben wir mit Ehren beigesetzt; aber woher nehmen wir den neuen? Ich denke, Manners, Ihr werdet Euch dieser Würde unterziehen müssen!"

Der alte Manners hob lächelnd das schwarze Sammetkäppchen von seinen weißen Haaren: „Herr Oberdeichgraf,' sagte er, ‚das Spiel würde zu kurz werden; als der verstorbene Tede Volkerts Deichgraf, da wurde ich Gevollmächtigter und bin es nun schon vierzig Jahre!"

„Das ist kein Mangel, Manners; so kennt Ihr die Geschäfte um so besser und werdet nicht Noth mit ihnen haben!"

Aber der Alte schüttelte den Kopf: ‚Nein, nein, Euer Gnaden, lasset mich, wo ich bin, so laufe ich wohl noch ein paar Jahre mit!'

Der Pastor stand ihm bei: ‚Weshalb,' sagte er, ‚nicht den ins Amt nehmen, der es thatsächlich in den letzten Jahren doch geführt hat?'

Der Oberdeichgraf sah ihn an: ‚Ich verstehe nicht, Herr Pastor!'

Aber der Pastor wies mit dem Finger in den Pesel, wo Hauke in langsam ernster Weise zwei älteren Leuten Etwas zu erklären schien. ‚Dort steht er,' sagte er, ‚die lange Friesengestalt mit den klugen grauen Augen neben der hageren Nase und den zwei Schädelwölbungen darüber! Er war des Alten Knecht und sitzt jetzt auf seiner eigenen kleinen Stelle; er ist zwar etwas jung!'

‚Er scheint ein Dreißiger,' sagte der Oberdeichgraf, den ihm so Vorgestellten musternd.

‚Er ist kaum vierundzwanzig,' bemerkte der Gevollmächtigte Manners; ‚aber der Pastor hat recht: was in den letzten Jahren Gutes für Deiche und Siele und dergleichen vom Deichgrafenamt in Vorschlag kam, das war von ihm; mit dem Alten war's doch zuletzt nichts mehr.'

‚So, so?' machte der Oberdeichgraf; ‚und Ihr meinet, er wäre nun auch der Mann, um in das Amt seines alten Herrn einzurücken?'

‚Der Mann wäre er schon,' entgegnete Jewe Manners; ‚aber ihm fehlt das, was man hier „Klei unter den Füßen" nennt; sein Vater hatte so um fünfzehn, er mag gut zwanzig Demath haben; aber damit ist bis jetzt hier Niemand Deichgraf geworden.'

Der Pastor that schon den Mund auf, als wolle er Etwas einwenden, da trat Elke Vollerts, die eine Weile schon im Zimmer gewesen, plötzlich zu ihnen: ‚Wollen Euer Gnaden mir ein Wort erlauben?' sprach sie zu dem Oberbeamten; ‚es ist nur, damit aus einem Irrthum nicht ein Unrecht werde!'

‚So sprecht, Jungfer Elke!' entgegnete dieser; ‚Weisheit von hübschen Mädchenlippen hört sich allzeit gut!'

— ‚Es ist nicht Weisheit, Euer Gnaden; ich will nur die Wahrheit sagen.'

‚Auch die muß man ja hören können, Jungfer Elke!'

Das Mädchen ließ ihre dunklen Augen noch einmal zur Seite gehen, als ob sie wegen überflüssiger

Ohren sich versichern wolle: ‚Euer Gnaden,‘ begann sie dann, und ihre Brust hob sich in stärkerer Bewegung, ‚mein Pathe, Jewe Manners, sagte Ihnen, daß Haule Haien nur etwa zwanzig Demath im Besitz habe; das ist im Augenblick auch richtig; aber sobald es sein muß, wird Haule noch um so viel mehr sein eigen nennen, als dieser, meines Vaters, jetzt mein Hof, an Demathzahl beträgt; für einen Deichgrafen wird das zusammen denn wohl reichen.‘

Der alte Manners reckte den weißen Kopf gegen sie, als müsse er erst sehen, wer denn eigentlich da rede: ‚Was ist das?‘ sagte er; ‚Kind, was sprichst du da?‘

Aber Elke zog an einem schwarzen Bändchen einen blinkenden Goldring aus ihrem Mieder: ‚Ich bin verlobt, Pathe Manners,‘ sagte sie; ‚hier ist der Ring, und Haule Haien ist mein Bräutigam.‘

— ‚Und wann — ich darf's wohl fragen, da ich dich aus der Taufe hob, Elke Volkerts — wann ist denn das passirt?‘

— ‚Das war schon vor geraumer Zeit; doch war ich mündig, Pathe Manners,‘ sagte sie; ‚mein Vater war schon hinfällig worden, und da ich ihn kannte, so wollt ich ihn nicht mehr damit beunruhigen; ißt, da er bei Gott ist, wird er einsehen, daß sein Kind bei diesem Manne wohl geborgen ist. Ich hätte es auch das Trauerjahr hindurch schon ausgeschwiegen; jetzt aber, um Haukes und um des Kooges willen, hab ich reden müssen.' Und zum Oberdeichgrafen gewandt, setzte sie hinzu: ‚Euer Gnaden wollen mir das verzeihen!'

Die drei Männer sahen sich an; der Pastor lachte, der alte Gevollmächtigte ließ es bei einem „Hmm, Hmm!" bewenden, während der Oberdeichgraf wie vor einer wichtigen Entscheidung sich die Stirn rieb. ‚Ja, liebe Jungfer,' sagte er endlich, ‚aber wie steht es denn hier im Kooge mit den ehelichen Güterrechten? Ich muß gestehen, ich bin augenblicklich nicht recht capitelfest in diesem Wirrsal!'

‚Das brauchen Euer Gnaden auch nicht,' entgegnete des Deichgrafen Tochter, ‚ich werde vor der Hochzeit meinem Bräutigam die Güter übertragen. Ich habe auch meinen kleinen Stolz,' setzte sie lächelnd hinzu; ‚ich will den reichsten Mann im Dorfe heirathen!'

‚Nun, Manners,' meinte der Pastor, ‚ich denke,

Sie werden auch als Pathe nichts dagegen haben, wenn ich den jungen Deichgrafen mit des alten Tochter zusammengebe!'

Der Alte schüttelte leis den Kopf: ‚Unser Herr Gott gebe seinen Segen!' sagte er andächtig.

Der Oberdeichgraf aber reichte dem Mädchen seine Hand: ‚Wahr und weise habt Ihr gesprochen, Elke Vollerts; ich danke Euch für so kräftige Erläuterungen und hoffe auch in Zukunft, und bei freundlicheren Gelegenheiten als heute, der Gast Eures Hauses zu sein; aber — daß ein Deichgraf von solch junger Jungfer gemacht wurde, das ist das Wunderbare an der Sache!'

‚Euer Gnaden,' erwiderte Elke und sah den gütigen Oberbeamten noch einmal mit ihren ernsten Augen an, ‚einem rechten Manne wird auch die Frau wohl helfen dürfen!' Dann ging sie in den anstoßenden Pesel und legte schweigend ihre Hand in Hauke Haiens.

\* \* \*

Es war um mehrere Jahre später: in dem kleinen Hause Tede Haiens wohnte jetzt ein rüstiger Arbeiter mit Frau und Kind; der junge Deichgraf Hauke

Haien saß mit seinem Weibe Elke Volkerts auf deren väterlicher Hofstelle. Im Sommer rauschte die gewaltige Esche nach wie vor am Hause; aber auf der Bank, die jetzt darunter stand, sah man Abends meist nur die junge Frau, einsam mit einer häuslichen Arbeit in den Händen; noch immer fehlte ein Kind in dieser Ehe; der Mann aber hatte Anderes zu thun, als Feierabend vor der Thür zu halten; denn trotz seiner früheren Mithülfe lagen aus des Alten Amtsführung eine Menge unerledigter Dinge, an die auch er derzeit zu rühren nicht für gut gefunden hatte; jetzt aber mußte allmählich Alles aus dem Wege; er fegte mit einem scharfen Besen. Dazu kam die Bewirthschaftung der durch seinen eigenen Landbesitz vergrößerten Stelle, bei der er gleichwohl den Kleinknecht noch zu sparen suchte; so sahen sich die beiden Eheleute, außer am Sonntag, wo Kirchgang gehalten wurde, meist nur bei dem von Hause eilig besorgten Mittagessen und beim Auf- und Niedergang des Tages; es war ein Leben fortgesetzter Arbeit, doch gleichwohl ein zufriedenes.

Dann kam ein störendes Wort in Umlauf. — Als von den jüngeren Besitzern der Marsch- und

Geeſtgemeinde eines Sonntags nach der Kirche ein
etwas unruhiger Trupp im Kruge droben am Trunke
feſtgeblieben war, redeten ſie beim vierten und fünften
Glaſe zwar nicht über König und Regierung — ſo
hoch wurde damals noch nicht gegriffen —, wohl aber
über Communal- und Oberbeamte, vor Allem über
Gemeindeabgaben und -Laſten, und je länger ſie
redeten, deſto weniger fand davon Gnade vor ihren
Augen, inſonders nicht die neuen Deichlaſten; alle
Sielen und Schleuſen, die ſonſt immer gehalten
hätten, ſeien jetzt reparaturbedürftig; am Deiche fän-
den ſich immer neue Stellen, die Hunderte von
Karren Erde nöthig hätten; der Teufel möchte die
Geſchichte holen!

‚Das kommt von Eurem klugen Deichgrafen,‘
rief einer von den Geeſtleuten, ‚der immer grübeln
geht und ſeine Finger dann in Alles ſteckt!‘

‚Ja, Marten,‘ ſagte Ole Peters, der dem Sprecher
gegenüber ſaß; ‚recht haſt du, er iſt hinterſpinnig und
ſucht beim Oberdeichgraf ſich 'nen weißen Fuß zu
machen; aber wir haben ihn nun einmal!‘

‚Warum habt ihr ihn euch aufhucken laſſen?‘
ſagte der Andere; ‚nun müßt ihr's baar bezahlen.‘

Ole Peters lachte. „Ja, Marten Fedders, das ist nun so bei uns, und davon ist nichts abzukratzen: der alte wurde Deichgraf von seines Vaters, der neue von seines Weibes wegen." Das Gelächter, das jetzt um den Tisch lief, zeigte, welchen Beifall das geprägte Wort gefunden hatte.

Aber es war an öffentlicher Wirthstafel gesprochen worden, es blieb nicht da, es lief bald um im Geest- wie unten in dem Marschdorf; so kam es auch an Hauke. Und wieder ging vor seinem inneren Auge die Reihe übelwollender Gesichter vorüber, und noch höhnischer, als es gewesen war, hörte er das Gelächter an dem Wirthshaustische. „Hunde!" schrie er, und seine Augen sahen grimmig zur Seite, als wolle er sie peitschen lassen.

Da legte Elke ihre Hand auf seinen Arm: „Laß sie; die wären Alle gern, was du bist!"

— „Das ist es eben!" entgegnete er grollend.

„Und," fuhr sie fort, „hat denn Ole Peters sich nicht selber eingefreit?"

„Das hat er, Elke; aber was er mit Vollina freite, das reicht nicht zum Deichgrafen!"

— „Sag lieber: er reichte nicht dazu!" und Elke

drehte ihren Mann, so daß er sich im Spiegel sehen mußte; denn sie standen zwischen den Fenstern in ihrem Zimmer. ‚Da steht der Deichgraf!‘ sagte sie; ‚nun sieh ihn an; nur wer ein Amt regieren kann, der hat es!‘

‚Du hast nicht unrecht,‘ entgegnete er sinnend, ‚und doch ... Nun, Elke; ich muß zur Osterschleuse; die Thüren schließen wieder nicht!‘

Sie drückte ihm die Hand: ‚Komm, sieh mich erst einmal an! Was hast du, deine Augen sehen so ins Weite?‘

‚Nichts, Elke; du hast ja recht.‘ —

Er ging; aber nicht lange war er gegangen, so war die Schleusenreparatur vergessen. Ein anderer Gedanke, den er halb nur ausgedacht und seit Jahren mit sich umhergetragen hatte, der aber vor den drängenden Amtsgeschäften ganz zurückgetreten war, bemächtigte sich seiner jetzt aufs Neue und mächtiger als je zuvor, als seien plötzlich die Flügel ihm gewachsen.

Kaum daß er es selber wußte, befand er sich oben auf dem Hafdeich, schon eine weite Strecke südwärts nach der Stadt zu; das Dorf, das nach dieser Seite hinauslag, war ihm zur Linken längst verschwunden; noch immer schritt er weiter, seine Augen unabläſſig nach der Seeseite auf das breite Vorland gerichtet; wäre Jemand neben ihm gegangen, er hätte es sehen müssen, welch eindringliche Geistesarbeit hinter diesen Augen vorging. Endlich blieb er stehen: das Vorland schwand hier zu einem schmalen Streifen an dem Deich zusammen. „Es muß gehen!" sprach er bei sich selbst. „Sieben Jahr im Amt; sie sollen nicht mehr sagen, daß ich nur Deichgraf bin von meines Weibes wegen!"

Noch immer stand er, und seine Blicke schweiften scharf und bedächtig nach allen Seiten über das grüne Vorland; dann ging er zurück, bis wo auch hier ein schmaler Streifen grünen Weidelands die vor ihm liegende breite Landfläche ablöste. Hart an dem Deiche aber schoß ein starker Meeresstrom durch diese, der fast das ganze Vorland von dem Festlande trennte und zu einer Hallig machte; eine rohe Holzbrücke führte nach dort hinüber, damit man mit Vieh und Heu- oder Getreidewagen hinüber und wieder zurück gelangen könne. Jetzt war es Ebbzeit, und die goldene Septembersonne glitzerte auf dem etwa hundert Schritte breiten Schlickstreifen und auf dem tiefen Priehl in seiner Mitte, durch den auch jetzt das Meer noch seine Wasser trieb. ‚Das läßt sich dämmen!' sprach Haule bei sich selber, nachdem er diesem Spiele eine Zeit lang zugesehen; dann blickte er auf, und von dem Deiche, auf dem er stand, über den Priehl hinweg, zog er in Gedanken eine Linie längs dem Rande des abgetrennten Landes, nach Süden herum und ostwärts wiederum zurück über die dortige Fortsetzung des Priehles und an den Deich heran. Die Linie aber, welche er unsichtbar gezogen hatte, war ein neuer Deich, neu auch in der Construction seines Profiles, welches bis jetzt nur noch in seinem Kopf vorhanden war.

‚Das gäbe einen Koog von circa tausend Demath,' sprach er lächelnd zu sich selber; ‚nicht groß just; aber ...'

Eine andere Calculation überkam ihn: das Vorland gehörte hier der Gemeinde, ihren einzelnen Mitgliedern eine Zahl von Antheilen, je nach der Größe ihres Besitzes im Gemeindebezirk oder nach sonst zu Recht bestehender Erwerbung; er begann zusammenzuzählen, wie viel Antheile er von seinem, wie viele er von Elkes Vater überkommen, und was an solchen er während seiner Ehe schon selbst gekauft hatte, theils in dem dunklen Gefühle eines künftigen Vortheils, theils bei Vermehrung seiner Schafzucht. Es war schon eine ansehnliche Menge; denn auch von Ole Peters hatte er dessen sämmtliche Theile angekauft, da es diesem zum Verdruß geschlagen war, als bei einer theilweisen Ueberströmung ihm sein bester Schafbock ertrunken war. Aber das war ein seltsamer Unfall gewesen; denn soweit Haukes Gedächtniß reichte, waren selbst bei hohen Fluthen dort nur die Ränder überströmt worden. Welch treffliches Weide- und Kornland mußte es geben und von welchem Werthe, wenn das Alles von seinem neuen Deich umgeben war! Wie ein Rausch stieg es ihm ins Gehirn; aber er preßte die Nägel in seine Handflächen und zwang seine Augen, klar und nüchtern zu sehen, was dort vor ihm lag: eine große deichlose Fläche, wer wußte es, welchen Stürmen und Fluthen schon in den nächsten Jahren preisgegeben, an deren äußerstem Rande jetzt ein Trupp von schmutzigen Schafen langsam grasend entlang wanderte; dazu für ihn ein Haufen Arbeit, Kampf und Aerger! Trotz alledem, als er vom Deich hinab und den Fußsteig über die Fennen auf seine Werfte zuging, ihm war's, als brächte er einen großen Schatz mit sich nach Hause.

Auf dem Flur trat Elke ihm entgegen: ‚Wie war es mit der Schleuse?' frug sie.

Er sah mit geheimnißvollem Lächeln auf sie nieder: ‚Wir werden bald eine andere Schleuse brauchen,' sagte er; ‚und Sielen und einen neuen Deich!'

‚Ich versteh dich nicht,' entgegnete Elke, während sie in das Zimmer gingen; ‚was willst du, Hauke?'

‚Ich will,' sagte er langsam und hielt dann einen Augenblick inne, ‚ich will, daß das große Vorland, das unserer Hofstatt gegenüber beginnt und dann nach Westen ausgeht, zu einem festen Kooge eingedeicht werde: die hohen Fluthen haben fast ein Menschenalter uns in Ruh gelassen; wenn aber eine von den schlimmen wiederkommt und den Anwachs stört, so kann mit einem Mal die ganze Herrlichkeit zu Ende sein; nur der alte Schlendrian hat das bis heut so lassen können!'

Sie sah ihn voll Erstaunen an: ‚So schiltst du dich ja selber!' sagte sie.

— ‚Das thu ich, Elke; aber es war bisher auch so viel Anderes zu beschaffen!'

‚Ja, Hauke; gewiß, du hast genug gethan!'

Er hatte sich in den Lehnstuhl des alten Deichgrafen gesetzt, und seine Hände griffen fest um beide Lehnen.

‚Hast du denn guten Muth dazu?' frug ihn sein Weib.

— ‚Das hab ich, Elke!' sprach er hastig.

‚Sei nicht zu hastig, Hauke; das ist ein Werk auf Tod und Leben; und fast Alle werden dir entgegen sein, man wird dir deine Müh und Sorg nicht danken!'

Er nickte: ‚Ich weiß!' sagte er.

‚Und wenn es nun nicht gelänge!' rief sie wieder; ‚von Kindesbeinen an hab ich gehört, der Prichl sei nicht zu stopfen, und darum dürfe nicht daran gerührt werden.'

‚Das war ein Vorwand für die Faulen!' sagte Hauke; ‚weshalb denn sollte man den Prichl nicht stopfen können?'

— ‚Das hört ich nicht; vielleicht, weil er gerade durchgeht; die Spülung ist zu stark.' — Eine Erinnerung überkam sie, und ein fast schelmisches Lächeln brach aus ihren ernsten Augen: ‚Als ich Kind war,‘ sprach sie, ‚hörte ich einmal die Knechte darüber reden; sie meinten, wenn ein Damm dort halten solle, müsse was Lebigs da hineingeworfen und mit verdämmt werden; bei einem Deichbau auf der anderen Seite, vor wohl hundert Jahren, sei ein Zigeunerkind verdämmt worden, das sie um schweres Geld der Mutter abgehandelt hätten; jetzt aber würde wohl Keine ihr Kind verkaufen!‘

Hauke schüttelte den Kopf: ‚Da ist es gut, daß wir keins haben; sie würden es sonst noch schier von uns verlangen!‘

‚Sie sollten's nicht bekommen!‘ sagte Elke und schlug wie in Angst die Arme über ihren Leib.

Und Hauke lächelte; doch sie frug noch einmal: ‚Und die ungeheuren Kosten? Hast du das bedacht?‘

— ‚Das hab ich, Elke; was wir dort herausbringen, wird sie bei Weitem überholen, auch die Erhaltungskosten des alten Deiches gehen für ein gut Stück in dem neuen unter; wir arbeiten ja selbst und haben über achtzig Gespanne in der Gemeinde, und an jungen Fäusten ist hier auch kein Mangel.

Du sollst mich wenigstens nicht umsonst zum Deich=
grafen gemacht haben, Elke; ich will ihnen zeigen,
daß ich einer bin!'

Sie hatte sich vor ihm niedergehuckt und ihn
sorgvoll angeblickt; nun erhob sie sich mit einem
Seufzer: ‚Ich muß weiter zu meinem Tagewerk,'
sagte sie, und ihre Hand strich langsam über seine
Wange; ‚thu du das deine, Hauke!'

‚Amen, Elke!' sprach er mit ernstem Lächeln;
‚Arbeit ist für uns Beide da!'

— — Und es war Arbeit genug für Beide, die
schwerste Last aber fiel jetzt auf des Mannes Schul=
ter. An Sonntagnachmittagen, oft auch nach Feier=
abend, saß Hauke mit einem tüchtigen Feldmesser zu=
sammen, vertieft in Rechenaufgaben, Zeichnungen und
Rissen; war er allein, dann ging es ebenso und
endete oft weit nach Mitternacht. Dann schlich er
in die gemeinsame Schlafkammer — denn die dum=
pfen Wandbetten im Wohngemach wurden in Haukes
Wirthschaft nicht mehr gebraucht — und sein Weib,
damit er endlich nur zur Ruhe komme, lag wie
schlafend mit geschlossenen Augen, obgleich sie mit
klopfendem Herzen nur auf ihn gewartet hatte; dann

küßte er mitunter ihre Stirn und sprach ein leises Liebeswort dabei, nnd legte sich selbst zum Schlafe, der ihm oft nur beim ersten Hahnenkraht zu willen war. Im Wintersturm lief er auf den Deich hinaus, mit Bleistift und Papier in der Hand, und stand und zeichnete und notirte, während ein Windstoß ihm die Mütze vom Kopfe riß, und das lange, fahle Haar ihm um sein heißes Antlitz flog; bald fuhr er, solange nur das Eis ihm nicht den Weg versperrte, mit einem Knecht zu Boot ins Wattenmeer hinaus und maß dort mit Loth und Stange die Tiefen der Ströme, über die er noch nicht sicher war. Elke zitterte oft genug für ihn; aber war er wieder da, so hätte er das nur aus ihrem festen Händedruck oder dem leuchtenden Blitz aus ihren sonst so stillen Augen merken können. ‚Geduld, Elke,‘ sagte er, da ihm einmal war, als ob sein Weib ihn nicht lassen könne; ‚ich muß erst selbst im Reinen sein, bevor ich meinen Antrag stelle!‘ Da nickte sie und ließ ihn gehen. Der Ritte in die Stadt zum Oberdeichgrafen wurden auch nicht wenige, und allem diesen und den Mühen in Haus- und Landwirthschaft folgten immer wieder die Arbeiten in die Nacht hinein. Sein Verkehr mit anderen Menschen außer in Arbeit und Geschäft verschwand fast ganz; selbst der mit seinem Weibe wurde immer weniger. ‚Es sind schlimme Zeiten, und sie werden noch lange dauern,' sprach Elke bei sich selber, und ging an ihre Arbeit.

Endlich, Sonne und Frühlingswinde hatten schon überall das Eis gebrochen, war auch die letzte Vorarbeit gethan; die Eingabe an den Oberdeichgrafen zu Befürwortung an höherem Orte, enthaltend den Vorschlag einer Bedeichung des erwähnten Vorlandes, zur Förderung des öffentlichen Besten, insonders des Kooges, wie nicht weniger der Herrschaftlichen Kasse, da höchstderselben in kurzen Jahren die Abgaben von circa 1000 Demath daraus erwachsen würden, — war sauber abgeschrieben und nebst anliegenden Rissen und Zeichnungen aller Localitäten, jetzt und künftig, der Schleusen und Siele und was noch sonst dazu gehörte, in ein festes Convolut gepackt und mit dem deichgräflichen Amtssiegel versehen worden.

‚Da ist es, Elke,' sagte der junge Deichgraf, ‚nun gieb ihm deinen Segen!'

Elke legte ihre Hand in seine: ‚Wir wollen fest zusammenhalten,‘ sagte sie.

— ‚Das wollen wir.‘

\* \* \*

Dann wurde die Eingabe durch einen reitenden Boten in die Stadt gesandt.

Sie wollen bemerken, lieber Herr," unterbrach der Schulmeister seine Erzählung, mich freundlich mit seinen feinen Augen fixirend, „daß ich das bisher Berichtete während meiner fast vierzigjährigen Wirksamkeit in diesem Kooge aus den Ueberlieferungen verständiger Leute, oder aus Erzählungen der Enkel und Urenkel solcher zusammengefunden habe; was ich, damit Sie dieses mit dem endlichen Verlauf in Einklang zu bringen vermögen, Ihnen jetzt vorzutragen habe, das war derzeit und ist auch jetzt noch das Geschwätz des ganzen Marschdorfes, sobald nur um Allerheiligen die Spinnräder an zu schnurren fangen.

Von der Hofstelle des Deichgrafen, etwa fünf- bis sechshundert Schritte weiter nordwärts, sah man derzeit, wenn man auf dem Deiche stand, ein paar tausend Schritt ins Wattenmeer hinaus und etwas weiter von dem gegenüberliegenden Marschufer entfernt eine kleine Hallig, die sie ‚Jeverssand', auch ‚Jevershallig' nannten. Von den derzeitigen Großvätern war sie noch zur Schafweide benutzt worden, denn Gras war damals noch darauf gewachsen; aber auch das hatte aufgehört, weil die niedrige Hallig ein paar Mal, und just im Hochsommer, unter Seewasser gekommen und der Graswuchs dadurch verkümmert und auch zur Schafweide unnutzbar geworden war. So kam es denn, daß außer von Möven und den anderen Vögeln, die am Strande fliegen, und etwa einmal von einem Fischadler, dort kein Besuch mehr stattfand; und an mondhellen Abenden sah man vom Deiche aus nur die Nebeldünste leichter oder schwerer darüber hinziehen. Ein paar weißgebleichte Knochengerüste ertrunkener Schafe und das Gerippe eines Pferdes, von dem freilich Niemand begriff, wie es dort hingekommen sei, wollte man, wenn der Mond von Osten auf die Hallig schien, dort auch erkennen können.

Es war zu Ende März, als an dieser Stelle nach Feierabend der Tagelöhner aus dem Tede Haienschen Hause und Iven Johns, der Knecht des jungen Deichgrafen, nebeneinander standen und unbeweglich nach der im trüben Mondduft kaum erkennbaren Hallig hinüberstarrten; etwas Auffälliges schien sie dort so festzuhalten. Der Tagelöhner steckte die Hände in die Tasche und schüttelte sich: ‚Komm, Iven,' sagte er, ‚das ist nichts Gutes; laß uns nach Haus gehen!'

Der Andere lachte, wenn auch ein Grauen bei ihm hindurchklang: ‚Ei was! Es ist eine lebige Creatur, eine große! Wer, zum Teufel, hat sie nach dem Schlickstück hinaufgejagt! Sieh nur, nun reckt's den Hals zu uns hinüber! Nein, es senkt den Kopf; es frißt! Ich dächt, es wär dort nichts zu fressen! Was es nur sein mag?'

‚Was geht das uns an!' entgegnete der Andere. ‚Gute Nacht, Iven, wenn du nicht mit willst; ich gehe nach Haus!'

— ‚Ja, ja; du hast ein Weib, du kommst ins warme Bett! Bei mir ist auch in meiner Kammer lauter Märzenluft!'

‚Gut Nacht denn!' rief der Tagelöhner zurück, während er auf dem Deich nach Hause trabte. Der Knecht sah sich ein paar Mal nach dem Fortlaufenben um; aber die Begier, Unheimliches zu schauen, hielt ihn noch fest. Da kam eine untersetzte, dunkle Gestalt auf dem Deich vom Dorf her gegen ihn heran; es war der Dienstjunge des Deichgrafen. „Was willst du, Carsten?" rief ihm der Knecht entgegen.

„Ich? — nichts," sagte der Junge; „aber unser Wirth will dich sprechen, Iven Johns!"

Der Knecht hatte die Augen schon wieder nach der Hallig: „Gleich; ich komme gleich!" sagte er.

— „Wonach guckst du denn so?" frug der Junge.

Der Knecht hob den Arm und wies stumm nach der Hallig. „Oha!" flüsterte der Junge; „da geht ein Pferd — ein Schimmel — das muß der Teufel reiten — wie kommt ein Pferd nach Jevershallig?"

— „Weiß nicht, Carsten; wenn's nur ein richtiges Pferd ist!"

„Ja, ja, Iven; sieh nur, es frißt ganz wie ein Pferd! Aber wer hat's dahin gebracht; wir haben im Dorf so große Böte gar nicht! Vielleicht auch ist es nur ein Schaf; Peter Ohm sagt, im Mondschein wird aus zehn Torfringeln ein ganzes Dorf. Nein, sieh! Nun springt es — es muß doch ein Pferd sein!'

Beide standen eine Weile schweigend, die Augen nur nach Dem gerichtet, was sie drüben undeutlich vor sich gehen sahen. Der Mond stand hoch am Himmel und beschien das weite Wattenmeer, das eben in der steigenden Fluth seine Wasser über die glitzernden Schlickflächen zu spülen begann; nur das leise Geräusch des Wassers, keine Thierstimme war in der ungeheuren Weite hier zu hören; auch in der Marsch, hinter dem Deiche, war es leer; Kühe und Rinder waren alle noch in den Ställen. Nichts regte sich; nur was sie für ein Pferd, einen Schimmel hielten, schien dort auf Jevershallig noch beweglich. ‚Es wird heller,' unterbrach der Knecht die Stille; ‚ich sehe deutlich die weißen Schafgerippe schimmern!"

‚Ich auch,' sagte der Junge, und reckte den Hals; dann aber, als komme es ihm plötzlich, zupfte er den Knecht am Aermel: ‚Iven,' raunte er, ‚das Pferdsgerippe, das sonst dabei lag, wo ist es? Ich kann's nicht sehen!'

‚Ich seh es auch nicht! Seltsam!" sagte der Knecht.

— ‚Nicht so seltsam, Iven! Mitunter, ich weiß nicht, in welchen Nächten, sollen die Knochen sich erheben und thun, als ob sie lebig wären!'

‚So?' machte der Knecht; ‚das ist ja Altweiberglaube!'

‚Kann sein, Iven,' meinte der Junge.

‚Aber, ich mein, du sollst mich holen; komm, wir müssen nach Haus! Es bleibt hier immer doch dasselbe.'

Der Junge war nicht fortzubringen, bis der Knecht ihn mit Gewalt herumgedreht und auf den Weg gebracht hatte. ‚Hör, Carsten,' sagte dieser, als die gespensterhafte Hallig ihnen schon ein gut Stück im Rücken lag, ‚du giltst ja für einen Allerweltsbengel; ich glaub, du möchtest das am liebsten selber untersuchen!'

‚Ja,' entgegnete Carsten, nachträglich noch ein wenig schaudernd, ‚ja, das möcht ich, Iven!'

— ‚Ist das dein Ernst? — dann,' sagte der Knecht, nachdem der Junge ihm nachdrücklich darauf die Hand geboten hatte, ‚lösen wir morgen Abend unser Boot; du fährst nach Jeversfand; ich bleib so lange auf dem Deiche stehen.'

‚Ja,' erwiderte der Junge, ‚das geht! Ich nehme meine Peitsche mit!'

‚Thu das!'

Schweigend kamen sie an das Haus ihrer Herrschaft, zu dem sie langsam die hohe Werft hinanstiegen.

\* \* \*

Um dieselbe Zeit des folgenden Abends saß der Knecht auf dem großen Steine vor der Stallthür, als der Junge mit seiner Peitsche knallend zu ihm kam. ‚Das pfeift ja wunderlich!' sagte Jener.

‚Freilich, nimm dich in Acht,' entgegnete der Junge; ‚ich hab auch Nägel in die Schnur geflochten.'

‚So komm!' sagte der Andere.

Der Mond stand, wie gestern, am Osthimmel und schien klar aus seiner Höhe. Bald waren Beide wieder draußen auf dem Deich und sahen hinüber nach Jevershallig, die wie ein Nebelfleck im Wasser stand. ‚Da geht es wieder,' sagte der Knecht; ‚nach Mittag war ich hier, da war's nicht da; aber ich sah deutlich das weiße Pferdsgerippe liegen!'

Der Junge reckte den Hals: ‚Das ist jetzt nicht da, Iven,' flüsterte er.

‚Nun, Carsten, wie ist's?' sagte der Knecht. ‚Juckt's dich noch, hinüberzufahren?'

Carsten besann sich einen Augenblick; dann klatschte er mit seiner Peitsche in die Luft: ‚Mach nur das Boot los, Iven!'

Drüben aber war es, als hebe, was dorten ging, den Hals, und recke gegen das Festland hin den Kopf. Sie sahen es nicht mehr; sie gingen schon den Deich hinab und bis zur Stelle, wo das Boot gelegen war. ‚Nun, steig nur ein!' sagte der Knecht, nachdem er es losgebunden hatte. ‚Ich bleib, bis du zurück bist! Zu Osten mußt du anlegen; da hat man immer landen können!' Und der Junge nickte schweigend und fuhr mit seiner Peitsche in die Mondnacht hinaus; der Knecht wanderte unterm Deich zurück und bestieg ihn wieder an der Stelle, wo sie vorhin gestanden hatten. Bald sah er, wie drüben bei einer schroffen, dunklen Stelle, an die ein breiter Priehl hinanführte, das Boot sich beilegte, und eine untersetzte Gestalt daraus ans Land sprang. — War's nicht, als klatschte der Junge mit seiner Peitsche?

Aber es konnte auch das Geräusch der steigenden Fluth sein. Mehrere hundert Schritte nordwärts sah er, was sie für einen Schimmel angesehen hatten; und jetzt! — ja, die Gestalt des Jungen kam gerade darauf zugegangen. Nun hob es den Kopf, als ob es stutze; und der Junge — es war deutlich jetzt zu hören — klatschte mit der Peitsche. Aber — was fiel ihm ein? er kehrte um, er ging den Weg zurück, den er gekommen war. Das drüben schien unabläßig fortzuweiden, kein Wiehern war von dort zu hören gewesen; wie weiße Wasserstreifen schien es mitunter über die Erscheinung hinzuziehen. Der Knecht sah wie gebannt hinüber.

Da hörte er das Anlegen des Bootes am diesseitigen Ufer, und bald sah er aus der Dämmerung den Jungen gegen sich am Deich heraufsteigen. ‚Nun, Carsten,‘ frug er, ‚was war es?‘

Der Junge schüttelte den Kopf. ‚Nichts war es!‘ sagte er. ‚Noch kurz vom Boot aus hatte ich es gesehen; dann aber, als ich auf der Hallig war — weiß der Henker, wo sich das Thier verkrochen hatte; der Mond schien doch hell genug; aber als ich an die Stelle kam, war nichts da als die bleichen

Knochen von einem halben Dutzend Schafen, und etwas weiter lag auch das Pferdsgerippe mit seinem weißen, langen Schädel und ließ den Mond in seine leeren Augenhöhlen scheinen!'

‚Hmm!' meinte der Knecht; ‚hast auch recht zugesehen?'

‚Ja, Iven, ich stand dabei; ein gottvergessener Kiewiet, der hinter dem Gerippe sich zur Nachtruh hingeduckt hatte, flog schreiend auf, daß ich erschrak und ein paar Mal mit der Peitsche hintennach klatschte.'

‚Und das war Alles?'

‚Ja, Iven; ich weiß nicht mehr.'

‚Es ist auch genug,' sagte der Knecht, zog den Jungen am Arm zu sich heran und wies hinüber nach der Hallig. ‚Dort, siehst du etwas, Carsten?'

— ‚Wahrhaftig, da geht's ja wieder!'

‚Wieder?' sagte der Knecht; ‚ich hab die ganze Zeit hinübergeschaut; aber es ist gar nicht fortgewesen; du gingst ja gerade auf das Unwesen los!'

Der Junge starrte ihn an; ein Entsetzen lag plötzlich auf seinem sonst so lecken Angesicht, das auch dem Knechte nicht entging. ‚Komm!' sagte dieser, ‚wir wollen nach Haus: von hier aus geht's wie lebig, und drüben liegen nur die Knochen — das ist mehr, als du und ich begreifen können. Schweig aber still davon, man darf dergleichen nicht verreden!"

So wandten sie sich, und der Junge trabte neben ihm; sie sprachen nicht, und die Marsch lag in lautlosem Schweigen an ihrer Seite.

— — Nachdem aber der Mond zurückgegangen, und die Nächte dunkel geworden waren, geschah ein Anderes.

Haule Haien war zur Zeit des Pferdemarktes in die Stadt geritten, ohne jedoch mit diesem dort zu thun zu haben. Gleichwohl, da er gegen Abend heimkam, brachte er ein zweites Pferd mit sich nach Hause; aber es war rauhhaarig und mager, daß man jede Rippe zählen konnte, und die Augen lagen ihm matt und eingefallen in den Schädelhöhlen. Elke war vor die Hausthür getreten, um ihren Eheliebsten zu empfangen: "Hilf Himmel!" rief sie, "was soll uns der alte Schimmel?" Denn da Haule mit ihm vor das Haus geritten kam und unter der Esche hielt, hatte sie gesehen, daß die arme Creatur auch lahme.

Der junge Deichgraf aber sprang lachend von seinem braunen Wallach: ‚Laß nur, Elke; es kostet auch nicht viel!'

Die kluge Frau erwiderte: ‚Du weißt doch, das Wohlfeilste ist auch meist das Theuerste.'

— ‚Aber nicht immer, Elke; das Thier ist höchstens vier Jahr alt; sieh es dir nur genauer an! Es ist verhungert und mißhandelt; da soll ihm unser Hafer gut thun; ich werd es selbst versorgen, damit sie mir's nicht überfüttern.'

Das Thier stand indessen mit gesenktem Kopf; die Mähnen hingen lang am Hals herunter. Frau Elke, während ihr Mann nach den Knechten rief, ging betrachtend um dasselbe herum; aber sie schüttelte den Kopf: ‚So eins ist noch nie in unserem Stall gewesen!'

Als jetzt der Dienstjunge um die Hausecke kam, blieb er plötzlich mit erschrockenen Augen stehen. ‚Nun, Carsten,' rief der Deichgraf, ‚was fährt dir in die Knochen? Gefällt dir mein Schimmel nicht?'

‚Ja — o ja, uns' Weerth, warum denn nicht!'

— ‚So bring die Thiere in den Stall; gieb ihnen kein Futter; ich komme gleich selber hin!'

Der Junge faßte mit Vorsicht den Halfter des Schimmels und griff dann haftig, wie zum Schutze, nach dem Zügel des ihm ebenfalls vertrauten Wallachs. Hauke aber ging mit seinem Weibe in das Zimmer; ein Warmbier hatte sie für ihn bereit, und Brot und Butter waren auch zur Stelle.

Er war bald gefättigt; dann ftand er auf und ging mit feiner Frau im Zimmer auf und ab. „Laß dir erzählen, Elke," fagte er, während der Abendschein auf den Kacheln an den Wänden spielte, „wie ich zu dem Thier gekommen bin: ich war wohl eine Stunde beim Oberdeichgrafen gewesen; er hatte gute Kunde für mich — es wird wohl dies und jenes anders werden als in meinen Rissen; aber die Hauptsache, mein Profil ist acceptirt, und schon in den nächsten Tagen kann der Befehl zum neuen Deichbau da sein!"

Elke seufzte unwillkürlich: „Also doch?" sagte sie sorgenvoll.

„Ja, Frau," entgegnete Hauke; „hart wird's hergehen; aber dazu, denk ich, hat der Herrgott uns zusammengebracht! Unsere Wirthschaft ist jetzt so gut in Ordnung, ein groß Theil kannst du schon auf deine Schultern nehmen; denk nur um zehn Jahr weiter — dann stehen wir vor einem anderen Besitz.'

Sie hatte bei seinen ersten Worten die Hand ihres Mannes versichernd in die ihrigen gepreßt; seine letzten Worte konnten sie nicht erfreuen. ,Für wen soll der Besitz?' sagte sie. ,Du müßtest denn ein ander Weib nehmen; ich bring dir keine Kinder.'

Thränen schossen ihr in die Augen; aber er zog sie fest in seine Arme: ,Das überlassen wir dem Herrgott,' sagte er; ,jetzt aber, und auch dann noch sind wir jung genug, um uns der Früchte unserer Arbeit selbst zu freuen.'

Sie sah ihn lange, während er sie hielt, aus ihren dunklen Augen an. ,Verzeih, Hauke,' sprach sie; ,ich bin mitunter ein verzagt Weib!'

Er neigte sich zu ihrem Antlitz und küßte sie: ,Du bist mein Weib und ich dein Mann, Elke! Und anders wird es nun nicht mehr.'

Da legte sie die Arme fest um seinen Nacken: ,Du hast recht, Hauke, und was kommt, kommt für uns Beide.' Dann löste sie sich erröthend von ihm. ,Du wolltest von dem Schimmel mir erzählen,' sagte sie leise.

‚Das wollt ich, Elke. Ich sagte dir schon, mir
war Kopf und Herz voll Freude über die gute Nachricht, die der Oberdeichgraf mir gegeben hatte; so ritt
ich eben wieder aus der Stadt hinaus, da, auf dem
Damm, hinter dem Hafen, begegnet mir ein ruppiger
Kerl; ich wußt nicht, war's ein Vagabund, ein Kessel-
flicker oder was denn sonst. Der Kerl zog den
Schimmel am Halfter hinter sich; das Thier aber
hob den Kopf und sah mich aus blöden Augen an;
mir war's, als ob es mich um Etwas bitten wolle;
ich war ja auch in diesem Augenblicke reich genug.
‚He, Landsmann!' rief ich, ‚wo wollt Ihr mit der
Kracke hin?'

Der Kerl blieb stehen und der Schimmel auch.
‚Verkaufen!' sagte Jener und nickte mir listig zu.

‚Nur nicht an mich!' rief ich lustig.

‚Ich denke doch!' sagte er; ‚das ist ein wacker
Pferd und unter hundert Thalern nicht bezahlt.'

Ich lachte ihm ins Gesicht.

‚Nun,' sagte er, ‚lacht nicht so hart; Ihr sollt's
mir ja nicht zahlen! Aber ich kann's nicht brauchen,
bei mir verkommt's; es würde bei Euch bald ander
Ansehen haben!'

Da sprang ich von meinem Wallach und sah dem Schimmel ins Maul, und sah wohl, es war noch ein junges Thier. ‚Was soll's denn kosten?‘ rief ich, da auch das Pferd mich wiederum wie bittend ansah.

‚Herr, nehmt's für dreißig Thaler!‘ sagte der Kerl, ‚und den Halfter geb ich Euch darein!‘

Und da, Frau, hab ich dem Burschen in die dargebotene braune Hand, die fast wie eine Klaue aussah, eingeschlagen. So haben wir den Schimmel, und ich denk auch, wohlfeil genug! Wunderlich nur war es, als ich mit den Pferden wegritt, hört ich bald hinter mir ein Lachen, und als ich den Kopf wandte, sah ich den Slovaken; der stand noch sperrbeinig, die Arme auf dem Rücken, und lachte wie ein Teufel hinter mir darein.‘

‚Pfui,‘ rief Elke; ‚wenn der Schimmel nur nichts von seinem alten Herrn dir zubringt! Mög er dir gedeihen, Hauke!‘

‚Er selber soll es wenigstens, soweit ich's leisten kann!‘ Und der Deichgraf ging in den Stall, wie er vorhin dem Jungen es gesagt hatte.

— — Aber nicht allein an jenem Abend fütterte er den Schimmel; er that es fortan immer selbst

und ließ kein Auge von dem Thiere; er wollte zeigen,
daß er einen Priesterhandel gemacht habe; jedenfalls
sollte nichts versehen werden. — Und schon nach
wenig Wochen hob sich die Haltung des Thieres;
allmählich verschwanden die rauhen Haare; ein blan-
kes, blau geapfeltes Fell kam zum Vorschein, und da
er es eines Tages auf der Hofstatt umherführte,
schritt es schlank auf seinen festen Beinen. Haule
dachte des abenteuerlichen Verläufers: „Der Kerl war
ein Narr oder ein Schuft, der es gestohlen hatte!"
murmelte er bei sich selber. — Bald auch, wenn das
Pferd im Stall nur seine Schritte hörte, warf es
den Kopf herum und wieherte ihm entgegen; nun
sah er auch, es hatte, was die Araber verlangen, ein
fleischlos Angesicht; draus blitzten ein Paar feurige
braune Augen. Dann führte er es aus dem Stall
und legte ihm einen leichten Sattel auf; aber kaum
saß er droben, so fuhr dem Thier ein Wiehern wie
ein Lustschrei aus der Kehle; es flog mit ihm davon,
die Werfte hinab auf den Weg und dann dem Deiche
zu; doch der Reiter saß fest, und als sie oben waren,
ging es ruhiger, leicht, wie tanzend, und warf den
Kopf dem Meere zu. Er klopfte und streichelte ihm

den blanken Hals; aber es bedurfte dieser Liebkosung schon nicht mehr; das Pferd schien völlig eins mit seinem Reiter, und nachdem er eine Strecke nordwärts den Deich hinausgeritten war, wandte er es leicht und gelangte wieder an die Hofstatt.

Die Knechte standen unten an der Auffahrt und warteten der Rückkunft ihres Wirthes. ‚So, John,' rief dieser, indem er von seinem Pferde sprang, ‚nun reite du es in die Fenne zu den anderen; es trägt dich wie in einer Wiege!'

Der Schimmel schüttelte den Kopf und wieherte laut in die sonnige Marschlandschaft hinaus, während ihm der Knecht den Sattel abschnallte, und der Junge damit zur Geschirrkammer lief; dann legte er den Kopf auf seines Herrn Schulter und duldete behaglich dessen Liebkosung. Als aber der Knecht sich jetzt auf seinen Rücken schwingen wollte, sprang er mit einem jähen Satz zur Seite und stand dann wieder unbeweglich, die schönen Augen auf seinen Herrn gerichtet. ‚Hoho, Iven,' rief dieser, ‚hat er dir Leids gethan?' und suchte seinem Knecht vom Boden aufzuhelfen.

Der rieb sich eifrig an der Hüfte: ‚Nein,

Herr, es geht noch; aber den Schimmel reit der Teufel!'

‚Und ich!' setzte Hauke lachend hinzu. ‚So bring ihn am Zügel in die Fenne!'

Und als der Knecht etwas beschämt gehorchte, ließ sich der Schimmel ruhig von ihm führen.

— — Einige Abende später standen Knecht und Junge miteinander vor der Stallthür; hinterm Deiche war das Abendroth erloschen, innerhalb desselben war schon der Koog von tiefer Dämmerung überwallt; nur selten kam aus der Ferne das Gebrüll eines aufgestörten Rindes oder der Schrei einer Lerche, deren Leben unter dem Ueberfall eines Wiesels oder einer Wasserratte endete. Der Knecht lehnte gegen den Thürpfosten und rauchte aus einer kurzen Pfeife, deren Rauch er schon nicht mehr sehen konnte; gesprochen hatten er und der Junge noch nicht zusammen. Dem Letzteren aber drückte etwas auf die Seele, er wußte nur nicht, wie er dem schweigsamen Knechte ankommen sollte. ‚Du, Iven!' sagte er endlich, ‚weißt du, das Pferdsgerripp auf Jeversand!'

‚Was ist damit?' frug der Knecht.

‚Ja, Jven, was ist damit? Es ist gar nicht mehr da; weder Tages noch bei Mondenschein; wohl zwanzigmal bin ich auf den Deich hinausgelaufen!'

‚Die alten Knochen sind wohl zusammengepoltert?' sagte Jven und rauchte ruhig weiter.

‚Aber ich war auch bei Mondschein draußen; es geht auch drüben nichts auf Jeversand!'

‚Ja,' sagte der Knecht, ‚sind die Knochen auseinander gefallen, so wird's wohl nicht mehr aufstehen können!'

‚Mach keinen Spaß, Jven! Ich weiß jetzt; ich kann dir sagen, wo es ist!'

Der Knecht drehte sich jäh zu ihm: ‚Nun, wo ist es denn?'

‚Wo?' wiederholte der Junge nachdrücklich. ‚Es steht in unserem Stall; da steht's, seit es nicht mehr auf der Hallig ist. Es ist auch nicht umsonst, daß der Wirth es allzeit selber füttert; ich weiß Bescheid, Jven!'

Der Knecht paffte eine Weile heftig in die Nacht hinaus. ‚Du bist nicht klug, Carsten,' sagte er dann; ‚unser Schimmel? Wenn je ein Pferd ein lebig's war, so ist es der! Wie kann so ein Allerweltsjunge wie du in solch Alten-Weiberglauben sitzen!"

— — Aber der Junge war nicht zu belehren: wenn der Teufel in dem Schimmel steckte, warum sollte er dann nicht lebendig sein? Im Gegentheil, um desto schlimmer! — Er fuhr jedesmal erschreckt zusammen, wenn er gegen Abend den Stall betrat, in dem auch Sommers das Thier mitunter eingestellt wurde, und es dann den feurigen Kopf so jäh nach ihm herumwarf. „Hol's der Teufel!" brummte er dann; „wir bleiben auch nicht lange mehr zusammen.'

So that er sich denn heimlich nach einem neuen Dienste um, kündigte und trat um Allerheiligen als Knecht bei Ole Peters ein. Hier fand er andächtige Zuhörer für seine Geschichte von dem Teufelspferd des Deichgrafen; die dicke Frau Vollina und deren geistesstumpfer Vater, der frühere Deichgevollmächtigte Jeß Harders, hörten in behaglichem Gruseln zu und erzählten sie später Allen, die gegen den Deichgrafen einen Groll im Herzen oder die an derart Dingen ihr Gefallen hatten.

\* \* \*

Inzwischen war schon Ende März durch die Oberdeichgrafschaft der Befehl zur neuen Eindeichung eingetroffen. Hauke berief zunächst die Deichgevollmächtigten zusammen, und im Kruge oben bei der Kirche waren eines Tages alle erschienen und hörten zu, wie er ihnen die Hauptpunkte aus den bisher erwachsenen Schriftstücken vorlas: aus seinem Antrage, aus dem Bericht des Oberdeichgrafen, zuletzt den schließlichen Bescheid, worin vor Allem auch die Annahme des von ihm vorgeschlagenen Profiles enthalten war, und der neue Deich nicht steil wie früher, sondern allmählich verlaufend nach der Seeseite abfallen sollte; aber mit heiteren oder auch nur zufriedenen Gesichtern hörten sie nicht.

‚Ja, ja,‘ sagte ein alter Gevollmächtigter, ‚da haben wir nun die Bescherung, und Proteste werden nicht helfen, da der Oberdeichgraf unserem Deichgrafen den Daumen hält!‘

‚Hast wohl recht, Dethlev Wiens,‘ setzte ein zweiter hinzu; ‚die Frühlingsarbeit steht vor der Thür, und nun soll auch ein millionenlanger Deich gemacht werden — da muß ja Alles liegen bleiben.‘

‚Das könnt Ihr dies Jahr noch zu Ende bringen,' sagte Haule; ,so rasch wird der Stecken nicht vom Zaun gebrochen!'

Das wollten Wenige zugeben. ,Aber dein Profil!' sprach ein Dritter, was Neues auf die Bahn bringend; ,der Deich wird ja auch an der Außenseite nach dem Wasser so breit, wie Lawrenz sein Kind nicht lang war! Wo soll das Material herkommen? Wann soll die Arbeit fertig werden?'

,Wenn nicht in diesem, so im nächsten Jahre; das wird am meisten von uns selber abhängen!' sagte Haule.

Ein ärgerliches Lachen ging durch die Gesellschaft. ,Aber wozu die unnütze Arbeit; der Deich soll ja nicht höher werden als der alte,' rief eine neue Stimme; ,und ich mein, der steht schon über dreißig Jahre!'

,Da sagt Ihr recht,' sprach Haule, ,vor dreißig Jahren ist der alte Deich gebrochen; dann rückwärts vor fünfunddreißig, und wiederum vor fünfundvierzig Jahren; seitdem aber, obgleich er noch immer steil und unvernünftig dasteht, haben die höchsten Fluthen uns verschont. Der neue Deich aber soll trotz solcher hundert und aber hundert Jahre stehen; denn er wird nicht durchbrochen werden, weil der milde Abfall nach der Seeseite den Wellen keinen Angriffspunkt entgegenstellt, und so werdet Ihr für Euch und Euere Kinder ein sicheres Land gewinnen, und das ist es, weshalb die Herrschaft und der Oberdeichgraf mir den Daumen halten; das ist es auch, was Ihr zu Eurem eigenen Vortheil einsehen solltet!'

Als die Versammelten hierauf nicht sogleich zu antworten bereit waren, erhob sich ein alter weißhaariger Mann mühsam von seinem Stuhle; es war Frau Elkes Pathe, Jewe Manners, der auf Haules Bitten noch immer in seinem Gevollmächtigten-Amt verblieben war. ,Deichgraf Haule Haien,' sprach er, ,du machst uns viel Unruhe und Kosten, und ich wollte, du hättest damit gewartet, bis mich der Herrgott hätt zur Ruhe gehen lassen; aber — recht hast du, das kann nur die Unvernunft bestreiten. Wir haben Gott mit jedem Tag zu danken, daß er uns trotz unserer Trägheit das kostbare Stück Vorland gegen Sturm und Wasserdrang erhalten hat; jetzt ist es wohl die elfte Stunde, in der wir selbst die Hand anlegen müssen, es auch nach all unserem Wissen und Können selber uns zu wahren und auf

Gottes Langmuth weiter nicht zu trotzen. Ich, meine Freunde, bin ein Greis; ich habe Deiche bauen und brechen sehen; aber den Deich, den Hauke Haien nach ihm von Gott verliehener Einsicht projectirt und bei der Herrschaft für Euch durchgesetzt hat, den wird Niemand von Euch Lebenden brechen sehen; und wolltet Ihr ihm selbst nicht danken, Euere Enkel werden ihm den Ehrenkranz doch einstens nicht versagen können!"

Jewe Manners setzte sich wieder; er nahm sein blaues Schnupftuch aus der Tasche und wischte sich ein paar Tropfen von der Stirn. Der Greis war noch immer als ein Mann von Tüchtigkeit und unantastbarer Rechtschaffenheit bekannt, und da die Versammlung eben nicht geneigt war, ihm zuzustimmen, so schwieg sie weiter. Aber Hauke Haien nahm das Wort; doch sahen Alle, daß er bleich geworden. „Ich danke Euch, Jewe Manners," sprach er, „daß Ihr noch hier seid, und daß Ihr das Wort gesprochen habt; Ihr anderen Herren Gevollmächtigten, wollet den neuen Deichbau, der freilich mir zur Last fällt, zum mindesten ansehen als ein Ding, das nun nicht mehr zu ändern steht, und lasset uns demgemäß beschließen, was nun noth ist!"

‚Sprechet!' sagte einer der Gevollmächtigten. Und Hauke breitete die Karte des neuen Deiches auf dem Tische aus: ‚Es hat vorhin Einer gefragt,' begann er, ‚woher die viele Erde nehmen? — Ihr seht, soweit das Vorland in die Watten hinausgeht, ist außerhalb der Deichlinie ein Streifen Landes freigelassen; daher und von dem Vorlande, das nach Nord und Süd von dem neuen Kooge an dem Deiche hinläuft, können wir die Erde nehmen; haben wir an den Wasserseiten nur eine tüchtige Lage Klei, nach innen oder in der Mitte kann auch Sand genommen werden! — Nun aber ist zunächst ein Feldmesser zu berufen, der die Linie des neuen Deiches auf dem Vorland absteckt! Der mir bei Ausarbeitung des Planes behülflich gewesen, wird wohl am besten dazu passen. Ferner werden wir zur Heranholung des Kleis oder sonstigen Materiales die Anfertigung einspänniger Sturzkarren mit Gabeldeichsel bei einigen Stellmachern verdingen müssen; wir werden für die Durchdämmung des Priehles und nach den Binnenseiten, wo wir etwa mit Sand fürlieb nehmen müssen, ich kann jetzt nicht sagen, wie viel hundert Fuder Stroh zur Bestickung des Deiches gebrauchen, vielleicht mehr, als in der Marsch hier wird entbehrlich sein! — Lasset uns denn berathen, wie zunächst dies Alles zu beschaffen und einzurichten ist; auch die neue Schleuse hier an der Westseite gegen das Wasser zu ist später einem tüchtigen Zimmermann zur Herstellung zu übergeben.'

Die Versammelten hatten sich um den Tisch gestellt, betrachteten mit halbem Aug die Karte und begannen allgemach zu sprechen; doch war's, als geschähe es, damit nur überhaupt Etwas gesprochen werde. Als es sich um Zuziehung des Feldmessers handelte, meinte einer der Jüngeren: „Ihr habt es ausgesonnen, Deichgraf; Ihr müsset selbst am besten wissen, wer dazu taugen mag.'

Aber Hauke entgegnete: „Da Ihr Geschworene seid, so müsset Ihr aus eigener, nicht aus meiner Meinung sprechen, Jacob Meyen; und wenn Ihr's dann besser sagt, so werd ich meinen Vorschlag fallen lassen!'

„Nun ja, es wird schon recht sein,' sagte Jacob Meyen.

Aber einem der Aelteren war es doch nicht völlig recht: er hatte einen Brudersohn; so einer im Feldmessen sollte hier in der Marsch noch nicht gewesen sein; der sollte noch über des Deichgrafen Vater, den seligen Tede Haien, gehen!

So wurde denn über die beiden Feldmesser verhandelt und endlich beschlossen, ihnen gemeinschaftlich das Werk zu übertragen. Aehnlich ging es bei den Sturzkarren, bei der Strohlieferung und allem Anderen, und Haule kam spät und fast erschöpft auf seinem Wallach, den er noch derzeit ritt, zu Hause an. Aber als er in dem alten Lehnstuhl saß, der noch von seinem gewichtigen, aber leichter lebenden Vorgänger stammte, war auch sein Weib ihm schon zur Seite: ‚Du siehst so müd aus, Haule,' sprach sie und strich mit ihrer schmalen Hand das Haar ihm von der Stirn.

‚Ein wenig wohl!' erwiderte er.

— ‚Und geht es denn?'

‚Es geht schon,' sagte er mit bitterem Lächeln; ‚aber ich selber muß die Räder schieben und froh sein, wenn sie nicht zurückgehalten werden!'

— ‚Aber doch nicht von Allen?'

‚Nein, Elke; dein Pathe, Jewe Manners, ist ein guter Mann; ich wollt, er wär um dreißig Jahre jünger.'

\* \* \*

Als nach einigen Wochen die Deichlinie abgesteckt und der größte Theil der Sturzlatten geliefert war, waren sämmtliche Antheilbesitzer des einzudeichenden Kooges, ingleichen die Besitzer der hinter dem alten Deich belegenen Ländereien durch den Deichgrafen im Kirchspielskrug versammelt worden; es galt, ihnen einen Plan über die Vertheilung der Arbeit und Kosten vorzulegen und ihre etwaigen Einwendungen zu vernehmen; denn auch die Letzteren hatten, sofern der neue Deich und die neuen Siele die Unterhaltungskosten der älteren Werke verminderte, ihren Theil zu schaffen und zu tragen. Dieser Plan war für Hauke ein schwer Stück Arbeit gewesen, und wenn ihm durch Vermittelung des Oberdeichgrafen neben einem Deichboten nicht auch noch ein Deichschreiber wäre zugeordnet worden, er würde es so bald nicht fertig gebracht haben, obwohl auch jetzt wieder an jedem neuen Tage in die Nacht hinein gearbeitet war. Wenn er dann todtmüde sein Lager suchte, so hatte nicht wie vordem sein Weib in nur verstelltem Schlafe seiner gewartet; auch sie hatte so vollgemessen ihre tägliche Arbeit, daß sie Nachts wie am Grunde eines tiefen Brunnens in unstörbarem Schlafe lag.

Als Hauke jetzt seinen Plan verlesen und die Papiere, die freilich schon drei Tage hier im Kruge zur Einsicht ausgelegen hatten, wieder auf den Tisch breitete, waren zwar ernste Männer zugegen, die mit Ehrerbietung diesen gewissenhaften Fleiß betrachteten und sich nach ruhiger Ueberlegung den billigen Ansätzen ihres Deichgrafen unterwarfen; Andere aber, deren Antheile an dem neuen Lande von ihnen selbst oder ihren Vätern oder sonstigen Vorbesitzern waren veräußert worden, beschwerten sich, daß sie zu den Kosten des neuen Kooges hinzugezogen seien, dessen Land sie nichts mehr angehe, uneingedenk, daß durch die neuen Arbeiten auch ihre alten Ländereien nach und nach entbürdet würden; und wieder Andere, die mit Antheilen in dem neuen Koog gesegnet waren, schrien, man möge ihnen doch dieselben abnehmen, sie sollten um ein Geringes feil sein; denn wegen der unbilligen Leistungen, die ihnen dafür aufgebürdet würden, könnten sie nicht damit bestehen. Ole Peters aber, der mit grimmigem Gesicht am Thürpfosten lehnte, rief dazwischen: „Besinnt Euch erst, und dann vertrauet unserem Deichgrafen! der versteht zu rechnen; er hatte schon die meisten Antheile, da wußte er auch mir die meinen abzuhandeln, und als er sie hatte, beschloß er, diesen neuen Koog zu deichen!"

Es war nach diesen Worten einen Augenblick todtenstill in der Versammlung. Der Deichgraf stand an dem Tisch, auf den er zuvor seine Papiere gebreitet hatte; er hob seinen Kopf und sah nach Ole Peters hinüber: ‚Du weißt wohl, Ole Peters,' sprach er, ‚daß du mich verleumdest; du thust es dennoch, weil du überdies auch weißt, daß doch ein gut Theil des Schmutzes, womit du mich bewirfst, an mir wird hängen bleiben! Die Wahrheit ist, daß du deine Antheile los sein wolltest, und daß ich ihrer derzeit für meine Schafzucht bedurfte; und willst du Weiteres wissen, das ungewaschene Wort, daß dir im Krug vom Mund gefahren, ich sei nur Deichgraf meines Weibes wegen, das hat mich aufgerüttelt, und ich hab Euch zeigen wollen, daß ich wohl um meiner selbst willen Deichgraf sein könne; und somit, Ole Peters, hab ich gethan, was schon der Deichgraf vor mir hätte thun sollen. Trägst du mir aber Groll, daß derzeit deine Antheile die meinen geworden sind — du hörst es ja, es sind genug, die jetzt die ihrigen um ein Billiges feil bieten, nur weil die Arbeit ihnen jetzt zu viel ist!'

Von einem kleinen Theil der versammelten Männer ging ein Beifallsmurmeln aus, und der alte Jewe Manners, der dazwischen stand, rief laut: „Bravo, Hauke Haien! Unser Herrgott wird dir dein Werk gelingen lassen!"

Aber man kam doch nicht zu Ende, obgleich Ole Peters schwieg, und die Leute erst zum Abendbrote auseinandergingen; erst in einer zweiten Versammlung wurde Alles geordnet; aber auch nur, nachdem Hauke statt der ihm zukommenden drei Gespanne für den nächsten Monat deren vier auf sich genommen hatte.

Endlich, als schon die Pfingstglocken durch das Land läuteten, hatte die Arbeit begonnen: unabläſſig fuhren die Sturzkarren von dem Vorlande an die Deichlinie, um den geholten Klei dort abzustürzen, und gleicherweise war dieselbe Anzahl schon wieder auf der Rückfahrt, um auf dem Vorland neuen aufzuladen; an der Deichlinie selber standen Männer mit Schaufeln und Spaten, um das Abgeworfene an seinen Platz zu bringen und zu ebnen; ungeheuere Fuder Stroh wurden angefahren und abgeladen; nicht nur zur Bedeckung des leichteren Materials, wie

Sand und lose Erde, dessen man an den Binnenseiten sich bediente, wurde das Stroh benutzt; allmählich wurden einzelne Strecken des Deiches fertig, und die Grasjoden, womit man sie belegt hatte, wurden stellenweis zum Schutz gegen die nagenden Wellen mit fester Strohbestickung überzogen; bestellte Aufseher gingen hin und her und, wenn es stürmte, standen sie mit aufgerissenen Mäulern und schrien ihre Befehle durch Wind und Wetter; dazwischen ritt der Deichgraf auf seinem Schimmel, den er jetzt ausschließlich in Gebrauch hatte, und das Thier flog mit dem Reiter hin und wieder, wenn er rasch und trocken seine Anordnungen machte, wenn er die Arbeiter lobte oder, wie es wohl geschah, einen Faulen oder Ungeschickten ohn Erbarmen aus der Arbeit wies. „Das hilft nicht!" rief er dann; „um deine Faulheit darf uns nicht der Deich verderben!" Schon von Weitem, wenn er unten aus dem Koog heraufkam, hörten sie das Schnauben seines Rosses, und alle Hände faßten fester in die Arbeit: „Frisch zu! Der Schimmelreiter kommt!"

War es um die Frühstückszeit, wo die Arbeiter mit ihrem Morgenbrot haufenweis beisammen auf der Erde lagen, dann ritt Hauke an den verlassenen Werken entlang, und seine Augen waren scharf, wo lieberliche Hände den Spaten geführt hatten. Wenn er aber zu den Leuten ritt und ihnen auseinandersetzte, wie die Arbeit müsse beschafft werden, sahen sie wohl zu ihm auf und kauten geduldig an ihrem Brote weiter; aber eine Zustimmung oder auch nur eine Aeußerung hörte er nicht von ihnen. Einmal zu solcher Tageszeit, es war schon spät, da er an einer Deichstelle die Arbeit in besonderer Ordnung gefunden hatte, ritt er zu dem nächsten Haufen der Frühstückenden, sprang von seinem Schimmel und frug heiter, wer dort so sauberes Tagewerk verrichtet hätte; aber sie sahen ihn nur scheu und düster an, und nur langsam und wie widerwillig wurden ein paar Namen genannt. Der Mensch, dem er sein Pferd gegeben hatte, das ruhig wie ein Lamm stand, hielt es mit beiden Händen und blickte wie angstvoll nach den schönen Augen des Thieres, die es, wie gewöhnlich, auf seinen Herrn gerichtet hielt.

„Nun, Marten!" rief Hauke; „was stehst du, als ob dir der Donner in die Beine gefahren sei?"

— „Herr, Euer Pferd, es ist so ruhig, als ob es Böses vorhabe!"

Haule lachte und nahm das Pferd selbst am Zügel, das sogleich liebkosend den Kopf an seiner Schulter rieb. Von den Arbeitern sahen einige scheu zu Roß und Reiter hinüber, andere, als ob das Alles sie nicht kümmere, aßen schweigend ihre Frühkost, dann und wann den Möven einen Brocken hinaufwerfend, die sich den Futterplatz gemerkt hatten und mit ihren schlanken Flügeln sich fast auf ihre Köpfe senkten. Der Deichgraf blickte eine Weile wie gedankenlos auf die bettelnden Vögel und wie sie die zugeworfenen Bissen mit ihren Schnäbeln haschten; dann sprang er in den Sattel und ritt, ohne sich nach den Leuten umzusehen, davon; einige Worte, die jetzt unter ihnen laut wurden, klangen ihm fast wie Hohn. ‚Was ist das?' sprach er bei sich selber. ‚Hatte denn Elke recht, daß sie Alle gegen mich sind? Auch diese Knechte und kleinen Leute, von denen Vielen durch meinen neuen Deich doch eine Wohlhabenheit ins Haus wächst?'

Er gab seinem Pferde die Sporen, daß es wie toll in den Koog hinabflog. Von dem unheimlichen

Glanze freilich, mit dem sein früherer Dienstjunge den Schimmelreiter bekleidet hatte, wußte er selber nichts; aber die Leute hätten ihn jetzt nur sehen sollen, wie aus seinem hageren Gesicht die Augen starrten, wie sein Mantel flog, und wie der Schimmel sprühte!

— — So war der Sommer und der Herbst vergangen; noch bis gegen Ende November war gearbeitet worden; dann geboten Frost und Schnee dem Werke Halt; man war nicht fertig geworden und beschloß, den Koog offen liegen zu lassen. Acht Fuß ragte der Deich aus der Fläche hervor; nur wo westwärts gegen das Wasser hin die Schleuse gelegt werden sollte, hatte man eine Lücke gelassen; auch oben vor dem alten Deiche war der Priehl noch unberührt. So konnte die Fluth, wie in den letzten dreißig Jahren, in den Koog hineindringen, ohne dort oder an dem neuen Deiche großen Schaden anzurichten. Und so überließ man dem großen Gott das Werk der Menschenhände und stellte es in seinen Schutz, bis die Frühlingssonne die Vollendung würde möglich machen.

— — Inzwischen hatte im Hause des Deichgrafen fich ein frohes Ereigniß vorbereitet: im neunten Ehejahre war noch ein Kind geboren worden. Es war roth und hutzelig und wog seine sieben Pfund, wie es für neugeborene Kinder sich gebührt, wenn sie, wie dies, dem weiblichen Geschlechte angehören; nur sein Geschrei war wunderlich verhohlen und hatte der Wehmutter nicht gefallen wollen. Das Schlimmste war, am dritten Tage lag Elke im hellen Kindbettfieber, redete Irrsal und kannte weder ihren Mann noch ihre alte Helferin. Die unbändige Freude, die Hauke beim Anblick seines Kindes ergriffen hatte, war zu Trübsal geworden; der Arzt aus der Stadt war geholt, er saß am Bett und fühlte den Puls und verschrieb und sah rathlos um sich her. Hauke schüttelte den Kopf: ‚Der hilft nicht; nur Gott kann helfen!‘ Er hatte sich sein eigen Christenthum zurecht gerechnet; aber es war Etwas, das sein Gebet zurückhielt. Als der alte Doctor davongefahren war, stand er am Fenster, in den winterlichen Tag hinausstarrend, und während die Kranke aus ihren Phantasien aufschrie, schränkte er die Hände zusammen; er wußte selber nicht, war es aus Andacht oder war es nur, um in der ungeheueren Angst sich selbst nicht zu verlieren.

‚Wasser! Das Wasser!' wimmerte die Kranke. ‚Halt mich!' schrie sie; ‚halt mich, Hauke!' Dann sank die Stimme; es klang, als ob sie weine: ‚In See, ins Haf hinaus? O, lieber Gott, ich seh ihn nimmer wieder!'

Da wandte er sich und schob die Wärterin von ihrem Bette; er fiel auf seine Knie, umfaßte sein Weib und riß sie an sich: ‚Elke! Elke, so kenn mich doch, ich bin ja bei dir!'

Aber sie öffnete nur die fieberglühenden Augen weit und sah wie rettungslos verloren um sich.

Er legte sie zurück auf ihre Kissen; dann krampfte er die Hände ineinander: ‚Herr, mein Gott,' schrie er; ‚nimm sie mir nicht! Du weißt, ich kann sie nicht entbehren!' Dann war's, als ob er sich besinne, und leiser setzte er hinzu: ‚Ich weiß ja wohl, du kannst nicht allezeit, wie du willst, auch du nicht; du bist allweise; du mußt nach deiner Weisheit thun — o, Herr, sprich nur durch einen Hauch zu mir!'

Es war, als ob plötzlich eine Stille eingetreten sei; er hörte nur ein leises Athmen, als er sich zum

Bette kehrte, lag sein Weib in ruhigem Schlaf; nur
die Wärterin sah mit entsetzten Augen auf ihn. Er
hörte die Thür gehen. ‚Wer war das?' frug er.

‚Herr, die Magd Ann' Grethe ging hinaus; sie
hatte den Warmkorb hereingebracht.'

— ‚Was sieht Sie mich denn so verfahren an,
Frau Levke?'

‚Ich? Ich hab mich ob Eurem Gebet erschrocken;
damit betet Ihr Keinen vom Tode los!'

Haule sah sie mit seinen durchbringenden Augen
an: ‚Besucht Sie denn auch, wie unsere Ann' Grethe,
die Conventikel bei dem holländischen Flickschneider
Jantje?'

‚Ja, Herr; wir haben Beide den lebendigen
Glauben!'

Haule antwortete ihr nicht. Das damals stark
im Schwange gehende separatistische Conventikelwesen
hatte auch unter den Friesen seine Blüthen getrieben;
heruntergekommene Handwerker oder wegen Trunkes
abgesetzte Schulmeister spielten darin die Hauptrolle,
und Dirnen, junge und alte Weiber, Faulenzer und
einsame Menschen liefen eifrig in die heimlichen Ver-
sammlungen, in denen jeder den Priester spielen

konnte. Aus des Deichgrafen Hause brachten Ann'
Grethe und der in sie verliebte Dienstjunge ihre
freien Abende dort zu. Freilich hatte Elke ihre Bedenken darüber gegen Hauke nicht zurückgehalten; aber
er hatte gemeint, in Glaubenssachen solle man Keinem
drein reden: das schade Niemandem, und besser dort
doch als im Schnapskrug!

So war es dabei geblieben, und so hatte er auch
jetzt geschwiegen. Aber freilich über ihn schwieg man
nicht; seine Gebetsworte liefen um von Haus zu
Haus: er hatte Gottes Allmacht bestritten; was war
ein Gott denn ohne Allmacht? Er war ein Gottes-
leugner; die Sache mit dem Teufelspferde mochte
auch am Ende richtig sein!

Hauke erfuhr nichts davon; er hatte in diesen
Tagen nur Ohren und Augen für sein Weib; selbst
das Kind war für ihn nicht mehr auf der Welt.

Der alte Arzt kam wieder, kam jeden Tag, mitunter zweimal, blieb dann eine ganze Nacht, schrieb
wieder ein Recept, und der Knecht Iven Johns ritt
damit im Flug zur Apotheke. Dann aber wurde sein
Gesicht freundlicher, er nickte dem Deichgrafen ver-
traulich zu: ‚Es geht! Es geht! Mit Gottes Hülfe!'

und eines Tags — hatte nun seine Kunst die Krankheit besiegt, oder hatte auf Haukes Gebet der liebe Gott doch noch einen Ausweg finden können — als der Doctor mit der Kranken allein war, sprach er zu ihr, und seine alten Augen lachten: ‚Frau, jetzt kann ich's getrost Euch sagen: heut hat der Doctor seinen Festtag; es stand schlimm um Euch; aber nun gehöret Ihr wieder zu uns, zu den Lebendigen!'

Da brach es wie ein Strahlenmeer aus ihren dunklen Augen: ‚Hauke! Hauke, wo bist du?' rief sie, und als er auf den hellen Ruf ins Zimmer und an ihr Bett stürzte, schlug sie die Arme um seinen Nacken: ‚Hauke, mein Mann, gerettet! Ich bleibe bei dir!'

Da zog der alte Doctor sein seiden Schnupftuch aus der Tasche, fuhr sich damit über Stirn und Wangen und ging kopfnickend aus dem Zimmer.

— — Am dritten Abend nach diesem Tage sprach ein frommer Redner — es war ein vom Deichgrafen aus der Arbeit gejagter Pantoffelmacher — im Conventikel bei dem holländischen Schneider, da er seinen Zuhörern die Eigenschaften Gottes auseinandersetzte: ‚Wer aber Gottes Allmacht widerstreitet, wer da sagt:

ich weiß, du kannst nicht, was du willst — wir kennen den Unglückseligen ja Alle; er lastet gleich einem Stein auf der Gemeinde — der ist von Gott gefallen und suchet den Feind Gottes, den Freund der Sünde zu seinem Tröster; denn nach irgend einem Stabe muß die Hand des Menschen greifen. Ihr aber, hütet Euch vor dem, der also betet; sein Gebet ist Fluch!"

— — Auch das lief um von Haus zu Haus. Was läuft nicht um in einer kleinen Gemeinde? und auch zu Haukes Ohren kam es. Er sprach kein Wort darüber, nicht einmal zu seinem Weibe; nur mitunter konnte er sie heftig umfassen und an sich ziehen: ‚Bleib mir treu, Elke! Bleib mir treu!‘ — Dann sahen ihre Augen voll Staunen zu ihm auf: ‚Dir treu? Wem sollte ich denn anders treu sein?‘ — Nach einer kurzen Weile aber hatte sie sein Wort verstanden: ‚Ja, Hauke, wir sind uns treu; nicht nur, weil wir uns brauchen.‘ Und dann ging Jedes seinen Arbeitsweg.

Das wäre so weit gut gewesen; aber es war doch trotz aller lebendigen Arbeit eine Einsamkeit um ihn, und in seinem Herzen nistete sich ein Trotz und abgeschlossenes Wesen gegen andere Menschen ein; nur gegen sein Weib blieb er allezeit der Gleiche, und an der Wiege seines Kindes lag er Abends und Morgens auf den Knien, als sei dort die Stätte seines ewigen Heils. Gegen Gesinde und Arbeiter aber wurde er strenger; die Ungeschickten und Fahrlässigen, die er früher durch ruhigen Tadel zurecht gewiesen hatte, wurden jetzt durch hartes Anfahren aufgeschreckt, und Elke ging mitunter leise bessern.

* * *

Als der Frühling nahte, begannen wieder die Deicharbeiten; mit einem Kajedeich wurde zum Schutz der jetzt aufzubauenden neuen Schleuse die Lücke in der westlichen Deichlinie geschlossen, halbmondförmig nach innen und ebenso nach außen; und gleich der Schleuse wuchs allmählich auch der Hauptdeich zu seiner immer rascher herzustellenden Höhe empor. Leichter wurde dem leitenden Deichgrafen seine Arbeit nicht; denn an Stelle des im Winter verstorbenen Jewe Manners war Ole Peters als Deichgevollmächtigter eingetreten. Hauke hatte nicht versuchen wollen, es zu hindern; aber anstatt der ermuthigen-

den Worte und der dazu gehörigen zuthunlichen
Schläge auf seine linke Schulter, die er so oft von
dem alten Pathen seines Weibes eincassirt hatte,
kamen ihm jetzt von dem Nachfolger ein heimliches
Widerhallen und unnöthige Einwände und waren mit
unnöthigen Gründen zu bekämpfen; denn Ole gehörte
zwar zu den Wichtigen, aber in Deichsachen nicht zu
den Klugen; auch war von früher her der ‚Schreiberknecht' ihm immer noch im Wege.

Der glänzendste Himmel breitete sich wieder über
Meer und Marsch, und der Koog wurde wieder bunt
von starken Rindern, deren Gebrüll von Zeit zu Zeit
die weite Stille unterbrach; unabläjjig sangen in
hoher Himmelsluft die Lerchen; aber man hörte es
erst, wenn einmal auf eines Athemzuges Länge der
Gesang verstummt war. Kein Unwetter störte die
Arbeit, und die Schleuse stand schon mit ihrem un-
gestrichenen Ballengefüge, ohne daß auch nur in einer
Nacht sie eines Schutzes von dem Interims-Deich
bedurft hätte; der Herrgott schien seine Gunst dem
neuen Werke zuzuwenden. Auch Frau Elkes Augen
lachten ihrem Manne zu, wenn er auf seinem
Schimmel draußen von dem Deich nach Hause kam:

‚Bist doch ein braves Thier geworden!' sagte sie
dann und klopfte den blanken Hals des Pferdes.
Haule aber, wenn sie das Kind am Halse hatte,
sprang herab und ließ das winzige Dinglein auf
seinen Armen tanzen; wenn dann der Schimmel seine
braunen Augen auf das Kind gerichtet hielt, dann
sprach er wohl: „Komm her; sollst auch die Ehre
haben!" und er setzte die kleine Wienke — denn so
war sie getauft worden — auf seinen Sattel und
führte den Schimmel auf der Werft im Kreise herum.
Auch der alte Eschenbaum hatte mitunter die Ehre;
er setzte das Kind auf einen schwanken Ast und ließ
es schaukeln. Die Mutter stand mit lachenden Augen
in der Hausthür; das Kind aber lachte nicht, seine
Augen, zwischen denen ein feines Näschen stand,
schauten ein wenig stumpf ins Weite, und die kleinen
Hände griffen nicht nach dem Stöckchen, das der Vater
ihr hinhielt. Haule achtete nicht darauf, er wußte
auch nichts von so kleinen Kindern; nur Elke, wenn
sie das helläugige Mädchen auf dem Arm ihrer Ar-
beitsfrau erblickte, die mit ihr zugleich das Wochen-
bett bestanden hatte, sagte mitunter schmerzlich: ‚Das
Meine ist noch nicht so weit wie deines, Stina!" und

die Frau, ihren dicken Jungen, den sie an der Hand hatte, mit derber Liebe schüttelnd, rief dann wohl: „Ja, Frau, die Kinder sind verschieden; der da, der stahl mir schon die Aepfel aus der Kammer, bevor er übers zweite Jahr hinaus war!" Und Elle strich dem dicken Buben sein Kraushaar aus den Augen und drückte dann heimlich ihr stilles Kind ans Herz.

— — Als es in den October hineinging, stand an der Westseite die neue Schleuse schon fest in dem von beiden Seiten schließenden Hauptdeich, der bis auf die Lücken bei dem Priehle nun mit seinem sanften Profile ringsum nach den Wasserseiten abfiel und um fünfzehn Fuß die ordinäre Fluth überragte. Von seiner Nordwestecke sah man an Jevershallig vorbei ungehindert in das Wattenmeer hinaus; aber freilich auch die Winde faßten hier schärfer; die Haare flogen, und wer hier ausschauen wollte, der mußte die Mütze fest auf dem Kopf haben.

Zu Ende November, wo Sturm und Regen eingefallen waren, blieb nur noch hart am alten Deich die Schlucht zu schließen, auf deren Grunde an der Nordseite das Meerwasser durch den Prichl in den neuen Koog hineinschoß. Zu beiden Seiten standen

die Wände des Deiches; der Abgrund zwischen ihnen
mußte jetzt verschwinden. Ein trocken Sommerwetter
hätte die Arbeit wohl erleichtert; aber auch so mußte
sie gethan werden; denn ein aufbrechender Sturm
konnte das ganze Werk gefährden. Und Hauke setzte
Alles daran, um jetzt den Schluß herbeizuführen.
Der Regen strömte, der Wind pfiff; aber seine
hagere Gestalt auf dem feurigen Schimmel tauchte
bald hier, bald dort aus den schwarzen Menschen-
massen empor, die oben wie unten an der Nordseite
des Deiches neben der Schlucht beschäftigt waren.
Jetzt sah man ihn unten bei den Sturzkarren, die
schon weither die Kleierde aus dem Vorlande holen
mußten, und von denen eben ein gedrängter Haufen
bei dem Priehle anlangte und seine Last dort abzu-
werfen suchte. Durch das Geklatsch des Regens und
das Brausen des Windes klangen von Zeit zu Zeit
die scharfen Befehlsworte des Deichgrafen, der heute
hier allein gebieten wollte; er rief die Karren nach
den Nummern vor und wies die Drängenden zurück;
ein „Halt!" scholl von seinem Munde; dann ruhte
unten die Arbeit; „Stroh! ein Fuder Stroh hinab!"
rief er denen droben zu, und von einem der oben

haltenden Juder stürzte es auf den nassen Klei hinunter. Unten sprangen Männer dazwischen und zerrten es auseinander und schrien nach oben, sie nur nicht zu begraben. Und wieder kamen neue Karren, und Hauke war schon wieder oben und sah von seinem Schimmel in die Schlucht hinab, und wie sie dort schaufelten und stürzten; dann warf er seine Augen nach dem Hof hinaus. Es wehte scharf, und er sah, wie mehr und mehr der Wassersaum am Deich hinaufklimmte, und wie die Wellen sich noch höher hoben; er sah auch, wie die Leute trieften und kaum athmen konnten in der schweren Arbeit vor dem Winde, der ihnen die Luft am Munde abschnitt, und vor dem kalten Regen, der sie überströmte. "Ausgehalten, Leute! Ausgehalten!" schrie er zu ihnen hinab. "Nur einen Fuß noch höher; dann ist's genug für diese Fluth!" Und durch alles Getöse des Wetters hörte man das Geräusch der Arbeiter: das Klatschen der hineingestürzten Kleimassen, das Rasseln der Karren und das Rauschen des von oben hinabgelassenen Strohes ging unaufhaltsam vorwärts; dazwischen war mitunter das Winseln eines kleinen gelben Hundes laut geworden, der frierend und wie verloren zwischen

Menschen und Fuhrwerken herumgestoßen wurde; plötzlich aber scholl ein jammervoller Schrei des kleinen Thieres von unten aus der Schlucht herauf. Haule blickte hinab; er hatte es von oben hinunterschleudern sehen; eine jähe Zornröthe stieg ihm ins Gesicht. „Halt! Haltet ein!" schrie er zu den Karren hinunter; denn der nasse Klei wurde unaufhaltsam aufgeschüttet.

„Warum?" schrie eine rauhe Stimme von unten herauf; „doch um die elende Hunde-Creatur nicht?"

„Halt! sag ich,' schrie Haule wieder; „bringt mir den Hund! Bei unserem Werke soll kein Frevel sein!"

Aber es rührte sich keine Hand; nur ein paar Spaten zähen Kleis flogen noch neben das schreiende Thier. Da gab er seinem Schimmel die Sporen, daß das Thier einen Schrei ausstieß, und stürmte den Deich hinab, und Alles wich vor ihm zurück. „Den Hund!" schrie er; „ich will den Hund!"

Eine Hand schlug sanft auf seine Schulter, als wäre es die Hand des alten Jewe Manners; doch als er umsah, war es nur ein Freund des Alten. „Nehmt Euch in Acht, Deichgraf!" raunte der ihm zu.

‚Ihr habt nicht Freunde unter diesen Leuten; laßt es mit dem Hunde gehen!'

Der Wind pfiff, der Regen klatschte; die Leute hatten die Spaten in den Grund gesteckt, einige sie fortgeworfen. Haule neigte sich zu dem Alten: ‚Wollt Ihr meinen Schimmel halten, Harre Jens?' frug er; und als jener noch kaum den Zügel in der Hand hatte, war Haule schon in die Kluft gesprungen und hielt das kleine winselnde Thier in seinem Arm; und fast im selben Augenblicke saß er auch wieder hoch im Sattel und sprengte auf den Deich zurück. Seine Augen flogen über die Männer, die bei den Wagen standen. ‚Wer war es?' rief er. ‚Wer hat die Creatur hinabgeworfen?'

Einen Augenblick schwieg Alles; denn aus dem hageren Gesicht des Deichgrafen sprühte der Zorn, und sie hatten abergläubische Furcht vor ihm. Da trat von einem Fuhrwerk ein stiernackiger Kerl vor ihn hin. ‚Ich that es nicht, Deichgraf,' sagte er und biß von einer Rolle Kautabak ein Endchen ab, das er sich erst ruhig in den Mund schob; ‚aber der es that, hat recht gethan; soll Euer Deich sich halten, so muß was Lebiges hinein!'

— ‚Was Lebiges? Aus welchem Katechismus hast du das gelernt?'

‚Aus keinem, Herr!' entgegnete der Kerl, und aus seiner Kehle stieß ein freches Lachen; ‚das haben unsere Großväter schon gewußt, die sich mit Euch im Christenthum wohl messen durften! Ein Kind ist besser noch; wenn das nicht da ist, thut's auch wohl ein Hund!'

‚Schweig du mit deinen Heidenlehren,' schrie ihn Haule an, ‚es stopfte besser, wenn man dich hineinwürfe.'

‚Oho!' erscholl es; aus einem Dutzend Kehlen war der Laut gekommen, und der Deichgraf gewahrte ringsum grimmige Gesichter und geballte Fäuste; er sah wohl, daß das keine Freunde waren; der Gedanke an seinen Deich überfiel ihn wie ein Schrecken: was sollte werden, wenn jetzt Alle ihre Spaten hinwürfen? — Und als er nun den Blick nach unten richtete, sah er wieder den Freund des alten Jewe Manners; der ging dort zwischen den Arbeitern, sprach zu Dem und Jenem, lachte hier Einem zu, klopfte dort mit freundlichem Gesicht Einem auf die Schulter, und Einer nach dem Anderen faßte wieder seinen Spaten; noch einige Augenblicke, und die Arbeit war wieder in vollem Gange. — Was wollte er denn noch? Der Priehl mußte geschlossen werden, und den Hund barg er sicher genug in den Falten seines Mantels. Mit plötzlichem Entschluß wandte er seinen Schimmel gegen den nächsten Wagen: ‚Stroh an die Kante!‘ rief er herrisch, und wie mechanisch gehorchte ihm der Fuhrknecht; bald rauschte es hinab in die Tiefe, und von allen Seiten regte es sich aufs Neue und mit allen Armen.

Eine Stunde war noch so gearbeitet; es war nach sechs Uhr, und schon brach tiefe Dämmerung herein; der Regen hatte aufgehört; da rief Haule die Aufseher an sein Pferd: ‚Morgen früh vier Uhr,‘ sagte er, ‚ist Alles wieder auf dem Platz; der Mond wird noch am Himmel sein; da machen wir mit Gott den Schluß! Und dann noch Eines!‘ rief er, als sie gehen wollten: ‚Kennt Ihr den Hund?‘ und er nahm das zitternde Thier aus seinem Mantel.

Sie verneinten das; nur Einer sagte: ‚Der hat sich taglang schon im Dorf herumgebettelt; der gehört gar Keinem!‘

‚Dann ist er mein!‘ entgegnete der Deichgraf.

‚Vergesset nicht: morgen früh vier Uhr!" und ritt davon.

Als er heim kam, trat Ann' Grethe aus der Thür; sie hatte saubere Kleidung an, und es fuhr ihm durch den Kopf, sie gehe jetzt zum Conventikelschneider: „Halt die Schürze auf!" rief er ihr zu, und da sie es unwillkürlich that, warf er das kleibeschmutzte Hündlein ihr hinein: ‚Bring ihn der kleinen Wienke; er soll ihr Spielkamerad werden! Aber wasch und wärm ihn zuvor; so thust du auch ein gottgefällig Werk; denn die Creatur ist schier verklommen.'

Und Ann' Grethe konnte nicht lassen, ihrem Wirth Gehorsam zu leisten und kam deshalb heute nicht in den Conventikel.

\* \* \*

Und am anderen Tage wurde der letzte Spatenstich am neuen Deich gethan; der Wind hatte sich gelegt; in anmuthigem Fluge schwebten Möven und Avosetten über Land und Wasser hin und wieder; von Jevershallig tönte das tausendstimmige Geknorr der Rottgänse, die sich's noch heute an der Küste der Nordsee wohl sein ließen, und aus den weißen

Morgennebeln, welche die weite Marsch bedeckten, stieg allmählich ein goldener Herbsttag und beleuchtete das neue Werk der Menschenhände.

Nach einigen Wochen kamen mit dem Oberdeichgrafen die herrschaftlichen Commissäre zur Besichtigung desselben; ein großes Festmahl, das erste nach dem Leichenmahl des alten Tede Volkerts, wurde im deichgräflichen Hause gehalten; alle Deichgevollmächtigten und die größten Interessenten waren dazu geladen. Nach Tische wurden sämmtliche Wagen der Gäste und des Deichgrafen angespannt; Frau Elke wurde von dem Oberdeichgrafen in die Carriole gehoben, vor der der braune Wallach mit seinen Hufen stampfte; dann sprang er selber hinten nach und nahm die Zügel in die Hand; er wollte die gescheidte Frau seines Deichgrafen selber fahren. So ging es munter von der Werfte und in den Weg hinaus, den Akt zum neuen Deich hinan und auf demselben um den jungen Koog herum. Es war inmittelst ein leichter Nordwestwind aufgekommen, und an der Nord- und Westseite des neuen Deiches wurde die Fluth hinaufgetrieben; aber es war unverkennbar, der sanfte Abfall bedingte einen sanfteren Anschlag;

aus dem Munde der herrschaftlichen Commissäre strömte das Lob des Deichgrafen, daß die Bedenken, welche hie und da von den Gevollmächtigten dagegen langsam vorgebracht wurden, gar bald darin erstickten.

— Auch das ging vorüber; aber noch eine Genugthuung empfing der Deichgraf eines Tages, da er in stillem, selbstbewußtem Sinnen auf dem neuen Deich entlang ritt. Es mochte ihm wohl die Frage kommen, weshalb der Koog, der ohne ihn nicht da wäre, in dem sein Schweiß und seine Nachtwachen steckten, nun schließlich nach einer der herrschaftlichen Prinzessinnen „der neue Carolinenkoog" getauft sei; aber es war doch so: auf allen dahin gehörigen Schriftstücken stand der Name, auf einigen sogar in rother Fracturschrift. Da, als er aufblickte, sah er zwei Arbeiter mit ihren Feldgeräthschaften, der eine etwa zwanzig Schritte hinter dem anderen, sich entgegenkommen: ‚So wart doch!' hörte er den Nachfolgenden rufen; der Andere aber — er stand eben an einem Akt, der in den Koog hinunterführte — rief ihm entgegen: ‚Ein andermal, Jens! Es ist schon spät; ich soll hier Klei schlagen!'

— „Wo denn?"

„Nun hier, im Haule-Haienkoog!"

Er rief es laut, indem er den Akt hinabrakte, als solle die ganze Marsch es hören, die darunter lag. Haule aber war es, als höre er seinen Ruhm verkünden; er hob sich im Sattel, gab seinem Schimmel die Sporen und sah mit festen Augen über die weite Landschaft hin, die zu seiner Linken lag. „Haule-Haienkoog!" wiederholte er leis; das klang, als könnt es alle Zeit nicht anders heißen! Mochten sie trotzen, wie sie wollten, um seinen Namen war doch nicht herumzukommen; der Prinzessinnen-Name — würde er nicht bald nur noch in alten Schriften modern? — Der Schimmel ging in stolzem Galopp; vor seinen Ohren aber summte es: „Haule-Haienkoog! Haule-Haienkoog!" In seinen Gedanken wuchs fast der neue Deich zu einem achten Weltwunder; in ganz Friesland war nicht seines Gleichen! Und er ließ den Schimmel tanzen; ihm war, er stünde inmitten aller Friesen; er überragte sie um Kopfeshöhe, und seine Blicke flogen scharf und mitleidig über sie hin.

— — Allmählich waren drei Jahre seit der Eindeichung hingegangen; das neue Werk hatte sich bewährt, die Reparaturkosten waren nur gering gewesen; im Kooge aber blühte jetzt fast überall der weiße Klee, und ging man über die geschützten Weiden, so trug der Sommerwind einem ganze Wolken süßen Dufts entgegen. Da war die Zeit gekommen, die bisher nur idealen Antheile in wirkliche zu verwandeln und allen Theilnehmern ihre bestimmten Stücke für immer eigenthümlich zuzusetzen. Haule war nicht müßig gewesen, vorher noch einige neue zu erwerben; Ole Peters hatte sich verbissen zurückgehalten; ihm gehörte nichts im neuen Kooge. Ohne Verdruß und Streit hatte auch so die Theilung nicht abgehen können; aber fertig war er gleichwohl geworden; auch dieser Tag lag hinter dem Deichgrafen.

\* \* \*

Fortan lebte er einsam seinen Pflichten als Hofwirth wie als Deichgraf und denen, die ihm am nächsten angehörten; die alten Freunde waren nicht mehr in der Zeitlichkeit, neue zu erwerben war er nicht geeignet. Aber unter seinem Dach war Frieden, den auch das stille Kind nicht störte; es sprach wenig, das stete Fragen, was den aufgeweckten Kindern eigen ist, kam selten und meist so, daß dem Gefragten die Antwort darauf schwer wurde; aber ihr liebes, einfältiges Gesichtlein trug fast immer den Ausdruck der Zufriedenheit. Zwei Spielkameraden hatte sie, die waren ihr genug: wenn sie über die Werfte wanderte, sprang das gerettete gelbe Hündlein stets um sie herum, und wenn der Hund sich zeigte, war auch klein Wienke nicht mehr fern. Der zweite Kamerad war eine Lachmöve, und wie der Hund „Perle", so hieß die Möve „Claus".

Claus war durch ein greises Menschenkind auf dem Hofe installirt worden; die achtzigjährige Trien' Jans hatte in ihrer Kathe auf dem Außendeich sich nicht mehr durchbringen können; da hatte Frau Elke gemeint, die verlebte Dienstmagd ihres Großvaters könnte bei ihnen noch ein paar stille Abendstunden und eine gute Sterbekammer finden, und so, halb mit Gewalt, war sie von ihr und Hauke nach dem Hofe geholt und in dem Nordwest-Stübchen der neuen Scheuer untergebracht worden, die der Deichgraf vor einigen Jahren neben dem Haupthause bei der Vergrößerung seiner Wirthschaft hatte bauen müssen; ein paar der Mägde hatten daneben ihre Kammer erhalten und konnten der Greisin Nachts zur Hand gehen. Rings an den Wänden hatte sie ihr altes Hausgeräth: eine Schatulle von Zuckerkistenholz, darüber zwei bunte Bilder vom verlorenen Sohn, ein längst zur Ruhe gestelltes Spinnrad und ein sehr sauberes Gardinenbett, vor dem ein ungefüger, mit dem weißen Fell des weiland Angorakaters überzogener Schemel stand. Aber auch was Lebiges hatte sie noch um sich gehabt und mit hieher gebracht: das war die Möve Claus, die sich schon jahrelang zu ihr gehalten hatte und von ihr gefüttert worden war; freilich, wenn es Winter wurde, flog sie mit den anderen Möven südwärts und kam erst wieder, wenn am Strand der Wermuth duftete.

Die Scheuer lag etwas tiefer an der Werfte; die Alte konnte von ihrem Fenster aus nicht über den Deich auf die See hinausblicken. ‚Du hast mich hier als wie gefangen, Deichgraf!' murrte sie eines Tages, als Haule zu ihr eintrat, und wies mit ihrem verkrümmten Finger nach den Fennen hinaus, die sich dort unten breiteten. ‚Wo ist denn Jeversand? Da über den rothen oder über den schwarzen Ochsen hinaus?'

‚Was will Sie denn mit Jeversfand?' frug Hauke.

— ‚Ach was, Jeversfand!' brummte die Alte. ‚Aber ich will doch sehen, wo mein Jung mir derzeit ist zu Gott gegangen!'

— ‚Wenn Sie das sehen will,' entgegnete Hauke, ‚so muß Sie sich oben unter den Eschenbaum setzen, da sieht Sie das ganze Haf!'

‚Ja,' sagte die Alte; ‚ja, wenn ich deine jungen Beine hätte, Deichgraf!'

Dergleichen blieb lange der Dank für die Hülfe, die ihr die Deichgrafsleute angedeihen ließen; dann aber wurde es auf einmal anders. Der kleine Kindskopf Wienkes guckte eines Morgens durch die halbgeöffnete Thür zu ihr herein. ‚Na,' rief die Alte, welche mit den Händen ineinander auf ihrem Holzstuhl saß, ‚was hast du denn zu bestellen?'

Aber das Kind kam schweigend näher und sah sie mit ihren gleichgültigen Augen unabläßig an.

‚Bist du das Deichgrafskind?' frug sie Trien' Jans, und da das Kind wie nickend das Köpfchen senkte, fuhr sie fort: ‚So setz dich hier auf meinen Schemel! Ein Angorakater ist's gewesen — so groß!

Aber dein Vater hat ihn todtgeschlagen. Wenn er noch lebig wäre, so könntst du auf ihm reiten.'

Wienke richtete stumm ihre Augen auf das weiße Fell; dann kniete sie nieder und begann es mit ihren kleinen Händen zu streicheln, wie Kinder es bei einer lebenden Katze oder einem Hunde zu machen pflegen. ‚Armer Kater!' sagte sie dann und fuhr wieder in ihren Lieblosungen fort.

‚So!' rief nach einer Weile die Alte, ‚jetzt ist es genug; und sitzen kannst du auch noch heut auf ihm; vielleicht hat dein Vater ihn auch nur um deshalb todtgeschlagen!' Dann hob sie das Kind an beiden Armen in die Höhe und setzte es derb auf den Schemel nieder. Da es aber stumm und unbeweglich sitzen blieb und sie nur immer ansah, begann sie mit dem Kopfe zu schütteln: ‚Du strafst ihn, Gott der Herr! Ja, ja, du strafst ihn!' murmelte sie; aber ein Erbarmen mit dem Kinde schien sie doch zu überkommen; ihre knöcherne Hand strich über das dürftige Haar desselben, und aus den Augen der Kleinen kam es, als ob ihr damit wohl geschehe.

Von nun an kam Wienke täglich zu der Alten in die Kammer; sie setzte sich bald von selbst auf den

Angoraschemel, und Trien' Jans gab ihr kleine Fleisch- und Brotstückchen in ihre Händchen, welche sie allezeit in Vorrath hatte, und ließ sie diese auf den Fußboden werfen; dann kam mit Gekreisch und ausgespreizten Flügeln die Möve aus irgend einem Winkel hervorgeschossen und machte sich darüber her. Erst erschrak das Kind und schrie auf vor dem großen, stürmenden Vogel; bald aber war es wie ein eingelerntes Spiel, und wenn sie nur ihr Köpfchen durch den Thürspalt steckte, schoß schon der Vogel auf sie zu und setzte sich ihr auf Kopf oder Schulter, bis die Alte ihr zu Hülfe kam und die Fütterung beginnen konnte. Trien' Jans, die es sonst nicht hatte leiden können, daß einer auch nur die Hand nach ihrem ‚Claus' ausstreckte, sah jetzt geduldig zu, wie das Kind allmählich ihr den Vogel völlig abgewann. Er ließ sich willig von ihr haschen; sie trug ihn umher und wickelte ihn in ihre Schürze, und wenn dann auf der Werfte etwa das gelbe Hündlein um sie herum und eifersüchtig gegen den Vogel aufsprang, dann rief sie wohl: „Nicht du, nicht du, Perle!" und hob mit ihren Aermchen die Möve so hoch, daß diese, sich selbst befreiend, schreiend über die Werfte hinflog, und statt ihrer nun der Hund durch Schmeicheln und Springen den Platz auf ihren Armen zu erobern suchte.

Fielen zufällig Haukes oder Elkes Augen auf dies wunderliche Vierblatt, das nur durch einen gleichen Mangel am selben Stengel festgehalten wurde, dann flog wohl ein zärtlicher Blick auf ihr Kind; hatten sie sich gewandt, so blieb nur noch ein Schmerz auf ihrem Antlitz, den jedes einsam mit sich von dannen trug; denn das erlösende Wort war zwischen ihnen noch nicht gesprochen worden. Da eines Sommervormittages, als Wienke mit der Alten und den beiden Thieren auf den großen Steinen vor der Scheunthür saß, gingen ihre beiden Eltern, der Deichgraf seinen Schimmel hinter sich, die Zügel über dem Arme, hier vorüber; er wollte auf den Deich hinaus und hatte das Pferd sich selber von der Fenne heraufgeholt; sein Weib hatte auf der Werfte sich an seinen Arm gehängt. Die Sonne schien warm hernieder; es war fast schwül, und mitunter kam ein Windstoß aus Süd-Süd-Ost. Dem Kinde mochte es auf dem Platze unbehaglich werden: „Wienke will mit!" rief sie, schüttelte die Möve von ihrem Schooß und griff nach der Hand ihres Vaters.

‚So komm!' sagte dieser.

— Frau Elke aber rief: ‚In dem Wind? Sie fliegt dir weg!'

‚Ich halt sie schon; und heut haben wir warme Luft und lustig Wasser; da kann sie's tanzen sehen.'

Und Elke lief ins Haus und holte noch ein Tüchlein und ein Käppchen für ihr Kind. ‚Aber es giebt ein Wetter,' sagte sie; ‚macht, daß ihr fortkommt, und seid bald wieder hier!'

Hauke lachte: ‚Das soll uns nicht zu fassen kriegen!' und hob das Kind zu sich auf den Sattel. Frau Elke blieb noch eine Weile auf der Werfte, und sah, mit der Hand ihre Augen beschattend, die Beiden auf den Weg und nach dem Deich hinübertraben; Trien' Jans saß auf dem Stein und murmelte Unverständliches mit ihren welken Lippen.

Das Kind lag regungslos im Arm des Vaters; es war, als athme es beklommen unter dem Druck der Gewitterluft; er neigte den Kopf zu ihr: ‚Nun, Wienke?' frug er.

Das Kind sah ihn eine Weile an: ‚Vater,'

sagte es, ‚du kannst das doch! Kannst du nicht Alles?‘

‚Was soll ich können, Wienke?‘

Aber sie schwieg; sie schien die eigene Frage nicht verstanden zu haben.

Es war Hochfluth; als sie auf den Deich hinaufkamen, schlug der Widerschein der Sonne von dem weiten Wasser ihr in die Augen, ein Wirbelwind trieb die Wellen strudelnd in die Höhe, und neue kamen heran und schlugen klatschend gegen den Strand, da klammerte sie ihre Händchen angstvoll um die Faust ihres Vaters, die den Zügel führte, daß der Schimmel mit einem Satz zur Seite fuhr. Die blaßblauen Augen sahen in wirrem Schreck zu Hauke auf: ‚Das Wasser, Vater! das Wasser!‘ rief sie.

Aber er löste sich sanft und sagte: ‚Still, Kind, du bist bei deinem Vater; das Wasser thut dir nichts!‘

Sie strich sich das fahlblonde Haar aus der Stirn und wagte es wieder, auf die See hinauszusehen. ‚Es thut mir nichts,‘ sagte sie zitternd; ‚nein, sag, daß es uns nichts thun soll; du kannst das, und dann thut es uns auch nichts!‘

‚Nicht ich kann das, Kind,' entgegnete Hauke ernst; ‚aber der Deich, auf dem wir reiten, der schützt uns, und den hat dein Vater ausgedacht und bauen lassen.'

Ihre Augen gingen wider ihn, als ob sie das nicht ganz verstünde; dann barg sie ihr auffallend kleines Köpfchen in dem weiten Rocke ihres Vaters.

‚Warum versteckst du dich, Wienke?' raunte der ihr zu; ‚ist dir noch immer bange?' Und ein zitterndes Stimmchen kam aus den Falten des Rockes: ‚Wienke will lieber nicht sehen; aber du kannst doch Alles, Vater?'

Ein ferner Donner rollte gegen den Wind herauf. ‚Hoho!' rief Hauke, ‚da kommt es!' und wandte sein Pferd zur Rückkehr. ‚Nun wollen wir heim zur Mutter!'

Das Kind that einen tiefen Athemzug; aber erst, als sie die Werfte und das Haus erreicht hatten, hob es das Köpfchen von seines Vaters Brust. Als dann Frau Elke ihr im Zimmer das Tüchelchen und die Kapuze abgenommen hatte, blieb sie wie ein kleiner stummer Kegel vor der Mutter stehen. ‚Nun, Wienke,' sagte diese und schüttelte sie leise, „magst du das große Wasser leiden?"

Aber das Kind riß die Augen auf: „Es spricht," sagte sie; „Wienke ist bange!"

— „Es spricht nicht; es rauscht und toset nur!"

Das Kind sah ins Weite: „Hat es Beine?" frug es wieder; „kann es über den Deich kommen?"

— „Nein, Wienke; dafür paßt dein Vater auf, er ist der Deichgraf."

„Ja," sagte das Kind und klatschte mit blödem Lächeln in seine Händchen; „Vater kann Alles — Alles!" Dann plötzlich, sich von der Mutter abwendend, rief sie: „Laß Wienke zu Trien' Jans, die hat rothe Aepfel!"

Und Elke öffnete die Thür und ließ das Kind hinaus. Als sie dieselbe wieder geschlossen hatte, schlug sie mit einem Ausdruck des tiefsten Grams die Augen zu ihrem Manne auf, aus denen ihm sonst nur Trost und Muth zu Hülfe gekommen war.

Er reichte ihr die Hand und drückte sie, als ob es zwischen ihnen keines weiteren Wortes bedürfe; sie aber sagte leis: „Nein, Hauke, laß mich sprechen: das Kind, das ich nach Jahren dir geboren habe, es wird für immer ein Kind bleiben. O, lieber Gott! es ist schwachsinnig; ich muß es einmal vor dir sagen.'

‚Ich wußte es längst,' sagte Hauke und hielt die Hand seines Weibes fest, die sie ihm entziehen wollte.

‚So sind wir denn doch allein geblieben,' sprach sie wieder.

Aber Hauke schüttelte den Kopf: ‚Ich hab sie lieb, und sie schlägt ihre Aermchen um mich und drückt sich fest an meine Brust; um alle Schätze wollt ich das nicht missen!'

Die Frau sah finster vor sich hin: ‚Aber warum?' sprach sie; ‚was hab ich arme Mutter denn verschuldet?'

— ‚Ja, Elke, das hab ich freilich auch gefragt; den, der allein es wissen kann; aber du weißt ja auch, der Allmächtige giebt den Menschen keine Antwort — vielleicht, weil wir sie nicht begreifen würden.'

Er hatte auch die andere Hand seines Weibes gefaßt und zog sie sanft zu sich heran: ‚Laß dich nicht irren, dein Kind, wie du es thust, zu lieben; sei sicher, das versteht es!'

Da warf sich Elke an ihres Mannes Brust und weinte sich satt und war mit ihrem Leib nicht mehr allein. Dann plötzlich lächelte sie ihn an; nach einem heftigen Händedruck lief sie hinaus und holte sich ihr Kind aus der Kammer der alten Trien' Jans, und nahm es auf ihren Schooß und hätschelte und küßte es, bis es stammelnd sagte: „Mutter, mein liebe Mutter!"

\* \* \*

So lebten die Menschen auf dem Deichgrafshofe still beisammen; wäre das Kind nicht da gewesen, es hätte viel gefehlt.

Allmählich verfloß der Sommer; die Zugvögel waren durchgezogen, die Luft wurde leer vom Gesang der Lerchen; nur vor den Scheunen, wo sie beim Dreschen Körner pickten, hörte man hie und da einige kreischend davonfliegen; schon war Alles hart gefroren. In der Küche des Haupthauses saß eines Nachmittags die alte Trien' Jans auf der Holzstufe einer Treppe, die neben dem Feuerherd nach dem Boden lief. Es war in den letzten Wochen, als sei sie aufgelebt; sie kam jetzt gern einmal in die Küche und sah Frau Elke hier hantiren; es war keine Rede mehr davon, daß ihre Beine sie nicht hätten dahin tragen können, seit eines Tages klein Wienke sie an der Schürze hier heraufgezogen hatte. Jetzt kniete das Kind an ihrer Seite und sah mit seinen stillen Augen in die Flammen, die aus dem Herdloch aufflackerten; ihr eines Händchen klammerte sich an den Aermel der Alten, das andere lag in ihrem eigenen fahlblonden Haar. Trien' Jans erzählte: ‚Du weißt,‘ sagte sie, ‚ich stand im Dienst bei deinem Urgroßvater, als Hausmagd, und dann mußt ich die Schweine füttern; der war klüger als sie Alle — da war es, es ist grausam lange her; aber eines Abends, der Mond schien, da ließen sie die Hafschleuse schließen, und sie konnte nicht wieder zurück in See. O, wie sie schrie und mit ihren Fischhänden sich in ihre harten struppigen Haare griff! Ja, Kind, ich sah es und hörte sie selber schreien! Die Gräben zwischen den Fennen waren alle voll Wasser, und der Mond schien darauf, daß sie wie Silber glänzten, und sie schwamm aus einem Graben in den anderen und hob die Arme und schlug, was ihre Hände waren, aneinander, daß man es weither klatschen hörte, als wenn sie beten wollte; aber, Kind, beten können diese Creaturen nicht. Ich saß vor der Hausthür auf ein paar Balken, die zum Bauen angefahren waren, und sah weithin über die Fennen; und das Wasserweib schwamm noch immer in den Gräben, und wenn sie die Arme aufhob, so glitzerten auch die wie Silber und Demanten. Zuletzt sah ich sie nicht mehr, und die Wildgänse und Möven, die ich all die Zeit nicht gehört hatte, zogen wieder mit Pfeifen und Schnattern durch die Luft.'

Die Alte schwieg; das Kind hatte ein Wort sich aufgefangen: „Konnte nicht beten?" frug sie. „Was sagst du? Wer war es?"

„Kind," sagte die Alte; „die Wasserfrau war es; das sind Undinger, die nicht selig werden können."

„Nicht selig!" wiederholte das Kind, und ein tiefer Seufzer, als habe sie das verstanden, hob die kleine Brust.

— „Trien' Jans!" kam eine tiefe Stimme von der Küchenthür, und die Alte zuckte leicht zusammen. Es war der Deichgraf Hauke Haien, der dort am Ständer lehnte: „Was redet Sie dem Kinde vor? Hab ich Ihr nicht geboten, Ihre Mären für sich zu behalten, oder sie den Gäns' und Hühnern zu erzählen?"

Die Alte sah ihn mit einem bösen Blick an und schob die Kleine von sich fort: ‚Das sind keine Mären,' murmelte sie in sich hinein, ‚das hat mein Großohm mir erzählt.'

— ‚Ihr Großohm, Trien'? Sie wollte es ja eben selbst erlebt haben.'

‚Das ist egal,' sagte die Alte; ‚aber Ihr glaubt nicht, Haule Haien; Ihr wollt wohl meinen Großohm noch zum Lügner machen!' Dann rückte sie näher an den Herd und streckte die Hände über die Flammen des Feuerlochs.

Der Deichgraf warf einen Blick gegen das Fenster: draußen dämmerte es noch kaum. ‚Komm, Wienke!' sagte er und zog sein schwachsinniges Kind zu sich heran; ‚komm mit mir, ich will dir draußen vom Deich aus etwas zeigen! Nur müssen wir zu Fuß gehen; der Schimmel ist beim Schmied.' Dann ging er mit ihr in die Stube, und Elle band dem Kinde dicke wollene Tücher um Hals und Schultern; und bald danach ging der Vater mit ihr auf dem alten Deiche nach Nordwest hinauf, Jeverssand vorbei, bis wo die Watten breit, fast unübersehbar wurden.

Bald hatte er sie getragen, bald ging sie an seiner Hand; die Dämmerung wuchs allmählich; in der Ferne verschwand Alles in Dunst und Duft. Aber dort, wohin noch das Auge reichte, hatten die unsichtbar schwellenden Watlströme das Eis zerrissen, und, wie Haule Haien es in seiner Jugend einst gesehen hatte, aus den Spalten stiegen wie damals die rauchenden Nebel, und daran entlang waren wiederum die unheimlichen närrischen Gestalten und hüpften gegeneinander und dienerten und dehnten sich plötzlich schreckhaft in die Breite.

Das Kind klammerte sich angstvoll an seinen Vater und deckte dessen Hand über sein Gesichtlein: ‚Die Seeteufel!‘ raunte es zitternd zwischen seine Finger; ‚die Seeteufel!‘

Er schüttelte den Kopf: ‚Nein, Wienke, weder Wasserweiber noch Seeteufel; so Etwas giebt es nicht; wer hat dir davon gesagt?‘

Sie sah mit stumpfem Blicke zu ihm herauf; aber sie antwortete nicht. Er strich ihr zärtlich über die Wangen: ‚Sieh nur wieder hin!‘ sagte er, ‚das sind nur arme hungrige Vögel! Sieh nur, wie jetzt der große seine Flügel breitet; die holen sich die Fische, die in die rauchenden Spalten kommen.'

‚Fische,' wiederholte Wienke.

‚Ja, Kind, das Alles ist lebig, so wie wir; es giebt nichts Anderes; aber der liebe Gott ist überall!'

Klein Wienke hatte ihre Augen fest auf den Boden gerichtet und hielt den Athem an; es war, als sähe sie erschrocken in einen Abgrund. Es war vielleicht nur so; der Vater blickte lange auf sie hin, er bückte sich und sah in ihr Gesichtlein; aber keine Regung der verschlossenen Seele wurde darin kund. Er hob sie auf den Arm und steckte ihre verklommenen Händchen in einen seiner dicken Wollhandschuhe: ‚So, mein Wienke' — und das Kind vernahm wohl nicht den Ton von heftiger Innigkeit in seinen Worten —, ‚so, wärm dich bei mir! Du bist doch unser Kind, unser einziges. Du hast uns lieb!...' Die Stimme brach dem Manne; aber die Kleine drückte zärtlich ihr Köpfchen in seinen rauhen Bart.

So gingen sie friedlich heimwärts.

\* \* \*

Nach Neujahr war wieder einmal die Sorge in das Haus getreten; ein Marschfieber hatte den Deichgrafen ergriffen; auch mit ihm ging es nah am Rand der Grube her, und als er unter Frau Elkes Pfleg' und Sorge wieder erstanden war, schien er kaum derselbe Mann. Die Mattigkeit des Körpers lag auch auf seinem Geiste, und Elke sah mit Besorgniß, wie er allzeit leicht zufrieden war. Dennoch, gegen Ende des März, drängte es ihn, seinen Schimmel zu besteigen und zum ersten Male wieder auf seinem Deich entlang zu reiten; es war an einem Nachmittage, und die Sonne, die zuvor geschienen hatte, lag längst schon wieder hinter trübem Duft.

Im Winter hatte es ein paar Mal Hochwasser gegeben; aber es war nicht von Belang gewesen; nur drüben am anderen Ufer war auf einer Hallig eine Heerde Schafe ertrunken und ein Stück vom Vorland abgerissen worden; hier an dieser Seite und am neuen Kooge war ein nennenswerther Schaden nicht geschehen. Aber in der letzten Nacht hatte ein stärkerer Sturm getobt; jetzt mußte der Deichgraf selbst hinaus und Alles mit eigenem Aug besichtigen. Schon war er unten von der Süd-Ostecke aus auf dem neuen Deich herumgeritten, und es war Alles wohl erhalten; als er aber an die Nord-Ostecke gekommen war, dort wo der neue Deich auf den alten stößt, war zwar der erstere unversehrt, aber wo früher der Prichl den alten erreicht hatte und an ihm entlang geflossen war, sah er in großer Breite die Grasnarbe zerstört und fortgerissen und in dem Körper des Deiches eine von der Fluth gewühlte Höhlung, durch welche überdies ein Gewirr von Mäusegängen bloßgelegt war. Haule stieg vom Pferde und besichtigte den Schaden in der Nähe: das Mäuseunheil schien unverkennbar noch unsichtbar weiter fortzulaufen.

Er erschral heftig; gegen Alles dieses hätte schon beim Bau des neuen Deiches Obacht genommen werden müssen; da es damals übersehen worden, so mußte es jetzt geschehen! — Das Vieh war noch nicht auf den Fennen, das Gras war ungewohnt zurückgeblieben, wohin er blickte, es sah ihn leer und öde an. Er bestieg wieder sein Pferd und ritt am Ufer hin und her: es war Ebbe, und er gewahrte wohl, wie der Strom von außen her sich wieder ein

neues Bett im Schlick gewühlt hatte und jetzt von
Nordwesten auf den alten Deich gestoßen war; der
neue aber, soweit es ihn traf, hatte mit seinem
sanfteren Profile dem Anprall widerstehen können.

Ein Haufen neuer Plag' und Arbeit erhob sich
vor der Seele des Deichgrafen: nicht nur der alte
Deich mußte hier verstärkt, auch dessen Profil dem
des neuen angenähert werden; vor Allem aber mußte
der als gefährlich wieder aufgetretene Priehl durch
neu zu legende Dämme oder Lahnungen abgeleitet
werden. Noch einmal ritt er auf dem neuen Deich
bis an die äußerste Nord-Westecke, dann wieder rückwärts, die Augen unabläßig auf das neu gewühlte
Bett des Priehles heftend, der ihm zur Seite sich
deutlich genug in dem bloßgelegten Schlickgrund ab-
zeichnete. Der Schimmel drängte vorwärts und schnob
und schlug mit den Vorderhufen; aber der Reiter
drückte ihn zurück, er wollte langsam reiten, er wollte
auch die innere Unruhe bändigen, die immer wilder
in ihm aufgohr.

Wenn eine Sturmfluth wiederkäme — eine, wie
1655 dagewesen, wo Gut und Menschen ungezählt
verschlungen wurden — wenn sie wiederkäme, wie

sie schon mehrmals einst gekommen war! — Ein heißer Schauer überrieselte den Reiter — der alte Deich, er würde den Stoß nicht aushalten, der gegen ihn heraufschösse! Was dann, was sollte dann geschehen? — Nur eines, ein einzig Mittel würde es geben, um vielleicht den alten Koog und Gut und Leben darin zu retten. Haule fühlte sein Herz still stehen, sein sonst so fester Kopf schwindelte; er sprach es nicht aus, aber in ihm sprach es stark genug: Dein Koog, der Haule-Haienkoog müßte preisgegeben und der neue Deich durchstochen werden!

Schon sah er im Geist die stürzende Hochfluth hereinbrechen und Gras und Klee mit ihrem salzen schäumenden Gischt bedecken. Ein Sporenstich fuhr in die Weichen des Schimmels, und einen Schrei ausstoßend, flog er auf dem Deich entlang und dann den Alt hinab, der deichgräflichen Werfte zu.

Den Kopf voll von innerem Schreckniß und ungeordneten Plänen kam er nach Hause. Er warf sich in seinen Lehnstuhl, und als Elke mit der Tochter in das Zimmer trat, stand er wieder auf und hob das Kind zu sich empor und küßte es; dann jagte er das gelbe Hündlein mit ein paar leichten

Schlägen von sich. ‚Ich muß noch einmal droben nach dem Krug!' sagte er und nahm seine Mütze vom Thürhaken, wohin er sie eben erst gehängt hatte.

Seine Frau sah ihn sorgvoll an: ‚Was willst du dort? Es wird schon Abend, Hauke!'

‚Deichgeschichten!' murmelte er vor sich hin, ‚ich treffe von den Gevollmächtigten dort.'

Sie ging ihm nach und drückte ihm die Hand, denn er war mit diesen Worten schon zur Thür hinaus. Hauke Haien, der sonst Alles bei sich selber abgeschlossen hatte, drängte es jetzt, ein Wort von Jenen zu erhalten, die er sonst kaum eines Antheils werth gehalten hatte. Im Gastzimmer traf er Ole Peters mit zweien der Gevollmächtigten und einem Koogseinwohner am Kartentisch.

‚Du kommst wohl von draußen, Deichgraf?' sagte der Erstere, nahm die halb ausgetheilten Karten auf und warf sie wieder hin.

‚Ja, Ole,' erwiderte Hauke; ‚ich war dort; es sieht übel aus.'

‚Uebel? — Nun, ein paar Hundert Soden und eine Bestickung wird's wohl kosten; ich war dort auch am Nachmittag.'

‚So wohlfeil wird's nicht abgehen, Ole,‘ erwiderte der Deichgraf, ‚der Priehl ist wieder da, und wenn er jetzt auch nicht von Norden auf den alten Deich stößt, so thut er's doch von Nordwesten!‘

‚Du hättst ihn lassen sollen, wo du ihn fandest!‘ sagte Ole trocken.

‚Das heißt,‘ entgegnete Hauke, ‚der neue Koog geht dich nichts an; und darum sollte er nicht existiren. Das ist deine eigene Schuld! Aber wenn wir Lahnungen legen müssen, um den alten Deich zu schützen, der grüne Klee hinter dem neuen bringt das übermäßig ein!‘

‚Was sagt Ihr, Deichgraf?‘ riefen die Gevollmächtigten; ‚Lahnungen? Wie viele denn? Ihr liebt es, Alles beim theuersten Ende anzufassen!‘

Die Karten lagen unberührt auf dem Tisch. ‚Ich will's dir sagen, Deichgraf,‘ sagte Ole Peters und stemmte beide Arme auf, ‚dein neuer Koog ist ein fressend Werk, was du uns gestiftet hast! Noch laborirt Alles an den schweren Kosten deiner breiten Deiche; nun frißt er uns auch den alten Deich, und wir sollen ihn verneuen! — Zum Glück ist's nicht so schlimm; er hat diesmal gehalten und wird es auch noch ferner thun! Steig nur morgen wieder auf deinen Schimmel und sieh es dir noch einmal an!'

Hauke war aus dem Frieden seines Hauses hieher gekommen; hinter den immerhin noch gemäßigten Worten, die er eben hörte, lag — er konnte es nicht verkennen — ein zäher Widerstand, ihm war, als fehle ihm dagegen noch die alte Kraft. ‚Ich will thun, wie du es räthst, Ole,‘ sprach er; ‚nur fürcht ich, ich werd es finden, wie ich es heut gesehen habe.'

— Eine unruhige Nacht folgte diesem Tage; Hauke wälzte sich schlaflos in seinen Kissen. ‚Was ist dir?' frug ihn Elke, welche die Sorge um ihren Mann wach hielt; ‚drückt dich etwas, so sprich es von dir; wir haben's ja immer so gehalten!‘

‚Es hat nichts auf sich, Elke!‘ erwiderte er, ‚am Deiche, an den Schleusen ist was zu repariren; du weißt, daß ich das allzeit Nachts in mir zu verarbeiten habe.' Weiter sagte er nichts; er wollte sich die Freiheit seines Handelns vorbehalten; ihm unbewußt war die klare Einsicht und der kräftige Geist seines Weibes ihm in seiner augenblicklichen Schwäche ein Hinderniß, dem er unwillkürlich auswich.

— — Am folgenden Vormittag, als er wieder auf den Deich hinauskam, war die Welt eine andere, als wie er sie Tags zuvor gefunden hatte; zwar war wieder hohl Ebbe, aber der Tag war noch im Steigen, und eine lichte Frühlingssonne ließ ihre Strahlen fast senkrecht auf die unabsehbaren Watten fallen; die weißen Möven schwebten ruhig hin und wieder, und unsichtbar über ihnen, hoch unter dem azurblauen Himmel, sangen die Lerchen ihre ewige Melodie. Hauke, der nicht wußte, wie uns die Natur mit ihrem Reiz betrügen kann, stand auf der Nordwestecke des Deiches und suchte nach dem neuen Bett des Priehles, das ihn gestern so erschreckt hatte; aber bei dem vom Zenith herabschießenden Sonnenlichte fand er es anfänglich nicht einmal; erst da er gegen die blendenden Strahlen seine Augen mit der Hand beschaltete, konnte er es nicht verkennen; aber dennoch, die Schatten in der gestrigen Dämmerung mußten ihn getäuscht haben; es kennzeichnete sich jetzt nur schwach; die bloßgelegte Mäusewirthschaft mußte mehr als die Fluth den Schaden in dem Deich veranlaßt haben. Freilich, Wandel mußte hier geschafft werden; aber durch sorgfältiges Aufgraben, und wie

Ole Peters gesagt hatte, durch frische Soden und einige Ruthen Strohbestickung war der Schaden auszuheilen.

‚Es war so schlimm nicht,' sprach er erleichtert zu sich selber, ‚du bist gestern doch dein eigner Narr gewesen!' — Er berief die Gevollmächtigten, und die Arbeiten wurden ohne Widerspruch beschlossen, was bisher noch nie geschehen war. Der Deichgraf meinte eine stärkende Ruhe in seinem noch geschwächten Körper sich verbreiten zu fühlen; und nach einigen Wochen war Alles sauber ausgeführt.

Das Jahr ging weiter, aber je weiter es ging und je ungestörter die neugelegten Rasen durch die Strohdecke grünten, um so unruhiger ging oder ritt Hauke an dieser Stelle vorüber, er wandte die Augen ab, er ritt hart an der Binnenseite des Deiches; ein paar Mal, wo er dort hätte vorüber müssen, ließ er sein schon gesatteltes Pferd wieder in den Stall zurückführen; dann wieder, wo er nichts dort zu thun hatte, wanderte er, um nur rasch und ungesehen von seiner Werfte fortzukommen, plötzlich und zu Fuß dahin; manchmal auch war er umgekehrt, er hatte es sich nicht zumuthen können, die unheimliche

Stelle aufs Neue zu betrachten; und endlich, mit den
Händen hätte er Alles wieder aufreißen mögen; denn
wie ein Gewissensbiß, der außer ihm Gestalt gewonnen hatte, lag dies Stück des Deiches ihm vor
Augen. Und doch, seine Hand konnte nicht mehr
daran rühren; und Niemandem, selbst nicht seinem
Weibe, durfte er davon reden. So war der September gekommen; Nachts hatte ein mäßiger Sturm
getobt und war zuletzt nach Nordwest umgesprungen.
An trübem Vormittag danach, zur Ebbezeit, ritt
Hauke auf den Deich hinaus, und es durchfuhr ihn,
als er seine Augen über die Watten schweifen ließ;
dort, von Nordwest herauf, sah er plötzlich wieder,
und schärfer und tiefer ausgewühlt, das gespenstische
neue Bett des Prielhes; so sehr er seine Augen an-
strengte, es wollte nicht mehr weichen.

Als er nach Haus kam, ergriff Elke seine Hand:
„Was hast du, Hauke?" sprach sie, als sie in sein
düsteres Antlitz sah; „es ist doch kein neues Unheil?
Wir sind jetzt so glücklich; mir ist, du hast nun
Frieden mit ihnen Allen!"

Diesen Worten gegenüber vermochte er seine ver-
worrene Furcht nicht in Worten kund zu geben.

‚Nein, Elke,' sagte er, ‚mich feindet Niemand an; es ist nur ein verantwortlich Amt, die Gemeinde vor unseres Herrgotts Meer zu schützen.'

Er machte sich los, um weiteren Fragen des geliebten Weibes auszuweichen. Er ging in Stall und Scheuer, als ob er Alles revidiren müsse; aber er sah nichts um sich her; er war nur beflissen, seinen Gewissensbiß zur Ruhe, ihn sich selber als eine krankhaft übertriebene Angst zur Ueberzeugung zu bringen.

— — Das Jahr, von dem ich Ihnen erzähle," sagte nach einer Weile mein Gastfreund, der Schulmeister, „war das Jahr 1756, das in dieser Gegend nie vergessen wird; im Hause Hauke Haiens brachte es eine Todte. Zu Ende des Septembers war in der Kammer, welche ihr in der Scheune eingeräumt war, die fast neunzigjährige Trien' Jans am Sterben. Man hatte sie nach ihrem Wunsche in den Kissen aufgerichtet, und ihre Augen gingen durch die kleinen bleigefaßten Scheiben in die Ferne; es mußte dort am Himmel eine dünnere Luftschicht über einer dichteren liegen; denn es war hohe Kimmung, und die Spiegelung hob in diesem Augenblick das Meer wie einen flimmernden Silberstreifen über den Rand des Deiches, so daß es blendend in die Kammer schimmerte; auch die Südspitze von Jeversand war sichtbar.

Am Fußende des Bettes lauerte die kleine Wienke und hielt mit der einen Hand sich fest an der ihres Vaters, der daneben stand. In das Antlitz der Sterbenden grub eben der Tod das hippokratische Gesicht, und das Kind starrte athemlos auf die unheimliche, ihr unverständliche Verwandlung des unschönen, aber ihr vertrauten Angesichts.

‚Was macht sie? Was ist das, Vater?‘ flüsterte sie angstvoll und grub die Fingernägel in ihres Vaters Hand.

‚Sie stirbt!‘ sagte der Deichgraf.

‚Stirbt!‘ wiederholte das Kind und schien in verworrenes Sinnen zu verfallen.

Aber die Alte rührte noch einmal ihre Lippen: ‚Jins! Jins!‘ und kreischend, wie ein Nothschrei, brach es hervor, und ihre knöchernen Arme streckten sich gegen die draußen flimmernde Meeresspiegelung: ‚Hölp mi! Hölp mi! Du bist ja bawen Water... Gott gnad be Annern!‘

Ihre Arme sanken, ein leises Krachen der Bettstatt wurde hörbar; sie hatte aufgehört zu leben.

Das Kind that einen tiefen Seufzer und warf die blassen Augen zu ihrem Vater auf: ‚Stirbt sie noch immer?' frug es.

‚Sie hat es vollbracht!' sagte der Deichgraf und nahm das Kind auf seinen Arm: ‚Sie ist nun weit von uns, beim lieben Gott.'

‚Beim lieben Gott!' wiederholte das Kind und schwieg eine Weile, als müsse es den Worten nachsinnen. ‚Ist das gut, beim lieben Gott?'

‚Ja, das ist das Beste.' — In Hauke's Innerem aber klang schwer die letzte Rede der Sterbenden. ‚Gott gnad be Annern!' sprach es leise in ihm. ‚Was wollte die alte Hexe? Sind denn die Sterbenden Propheten? — —'

— — Bald, nachdem Trien' Jans oben bei der Kirche eingegraben war, begann man immer lauter von allerlei Unheil und seltsamem Geschmeiß zu reden, das die Menschen in Nordfriesland erschreckt haben sollte; und sicher war es, am Sonntage Lätare war droben von der Thurmspitze der goldene Hahn durch einen Wirbelwind herabgeworfen worden; auch das war richtig, im Hochsommer fiel, wie ein Schnee, ein groß Geschmeiß vom Himmel, daß man die Augen davor nicht aufthun konnte, und es hernach fast handhoch auf den Fennen lag, und hatte Niemand je so was gesehen; als aber nach Ende September der Großknecht mit Korn und die Magd Ann' Grethe mit Butter in die Stadt zu Markt gefahren waren, kletterten sie bei ihrer Rückkunft mit schreckensbleichen Gesichtern von ihrem Wagen. ‚Was ist? Was habt ihr?' riefen die anderen Dirnen, die hinausgelaufen waren, da sie den Wagen rollen hörten.

Ann' Grethe in ihrem Reise=Anzug trat athemlos in die geräumige Küche. ‚Nun, so erzähl doch!' riefen die Dirnen wieder, ‚wo ist das Unglück los?'

‚Ach, unser lieber Jesus wolle uns behüten!' rief Ann' Grethe. ‚Ihr wißt, von drüben, überm Wasser, das alt Mariken vom Ziegelhof, wir stehen mit unserer Butter ja allzeit zusammen an der Apotheker=Ecke, die hat es mir erzählt, und Iven Johns sagte auch, ‚das giebt ein Unglück!' sagte er; ‚ein Unglück über ganz Nordfriesland; glaub mir's, Ann' Greth! Und" — sie dämpfte ihre Stimme — „mit des Deichgrafs Schimmel ist's am Ende auch nicht richtig!"

„Scht! Scht!" machten die anderen Dirnen.

— „Ja, ja; was kümmert's mich! Aber drüben, an der anderen Seite, geht's noch schlimmer als bei uns! Nicht bloß Fliegen und Geschmeiß, auch Blut ist wie Regen vom Himmel gefallen; und da am Sonntag Morgen danach der Pastor sein Waschbecken vorgenommen hat, sind fünf Todtenköpfe, wie Erbsen groß, darin gewesen, und Alle sind gekommen, um das zu sehen; im Monat Augusti sind grausige rothköpfige Raupenwürmer über das Land gezogen und haben Korn und Mehl und Brot und was sie fanden, weggefressen, und hat kein Feuer sie vertilgen können!"

Die Erzählerin verstummte plötzlich; keine der Mägde hatte bemerkt, daß die Hausfrau in die Küche getreten war. „Was redet ihr da?" sprach diese. „Laßt das den Wirth nicht hören!" Und da sie Alle jetzt erzählen wollten: „Es thut nicht noth; ich habe genug davon vernommen; geht an euere Arbeit, das bringt euch besseren Segen!" Dann nahm sie Ann' Grethe mit sich in die Stube und hielt mit dieser Abrechnung über ihre Marktgeschäfte.

So fand im Hause des Deichgrafen das abergläubische Geschwätz bei der Herrschaft keinen Anhalt; aber in die übrigen Häuser, und je länger die Abende wurden, um desto leichter drang es mehr und mehr hinein. Wie schwere Luft lag es auf Allen; und heimlich sagte man es sich, ein Unheil, ein schweres, würde über Nordfriesland kommen.

\* \* \*

Es war vor Allerheiligen, im Oktober. Tag über hatte es stark aus Südwest gestürmt; Abends stand ein halber Mond am Himmel, dunkelbraune Wolken jagten überhin, und Schatten und trübes Licht flogen auf der Erde durcheinander; der Sturm war im Wachsen. Im Zimmer des Deichgrafen stand noch der geleerte Abendtisch; die Knechte waren in den Stall gewiesen, um dort des Viehes zu achten; die Mägde mußten im Hause und auf den Böden nachsehen, ob Thüren und Luken wohl verschlossen seien, daß nicht der Sturm hineinfasse und Unheil anrichte. Drinnen stand Hauke neben seiner

Frau am Fenster; er hatte eben sein Abendbrot
hinabgeschlungen; er war draußen auf dem Deich
gewesen. Zu Fuße war er hinausgetrabt, schon
früh am Nachmittag; spitze Pfähle und Säcke voll
Klei oder Erde hatte er hie und dort, wo der Deich
eine Schwäche zu verrathen schien, zusammentragen
lassen; überall hatte er Leute angestellt, um die
Pfähle einzurammen und mit den Säcken vorzu-
dämmen, sobald die Fluth den Deich zu schädigen
beginne; an dem Winkel zu Nordwesten, wo der
alte und der neue Deich zusammenstießen, hatte er
die meisten Menschen hingestellt; nur im Nothfall
durften sie von den angewiesenen Plätzen weichen.
Das hatte er zurückgelassen; dann, vor kaum einer
Viertelstunde, naß, zerzaust, war er in seinem Hause
angekommen, und jetzt, das Ohr nach den Windböen,
welche die in Blei gefaßten Scheiben rasseln machten,
blickte er wie gedankenlos in die wüste Nacht hinaus; die Wanduhr hinter ihrer Glasscheibe schlug
eben acht. Das Kind, das neben der Mutter stand,
fuhr zusammen und barg den Kopf in deren
Kleider. „Claus!" rief sie weinend; „wo ist mein
Claus?"

Sie konnte wohl so fragen; denn die Möve hatte, wie schon im vorigen Jahre, so auch jetzt ihre Winterreise nicht mehr angetreten. Der Vater überhörte die Frage; die Mutter aber nahm das Kind auf ihren Arm. ‚Dein Claus ist in der Scheune,‘ sagte sie; ‚da sitzt er warm.‘

‚Warum?‘ sagte Wienke, ‚ist das gut?‘

— ‚Ja, das ist gut.‘

Der Hausherr stand noch am Fenster: ‚Es geht nicht länger, Elke!‘ sagte er; ‚ruf eine von den Dirnen; der Sturm drückt uns die Scheiben ein; die Luken müssen angeschroben werden!‘

Auf das Wort der Hausfrau war die Magd hinausgelaufen; man sah vom Zimmer aus, wie ihr die Röcke flogen; aber als sie die Klammern gelöst hatte, riß ihr der Sturm den Laden aus der Hand und warf ihn gegen die Fenster, daß ein paar Scheiben zersplittert in die Stube flogen und eins der Lichter qualmend auslosch. Hauke mußte selbst hinaus, zu helfen, und nur mit Noth kamen allmählich die Luken vor die Fenster. Als sie beim Wiedereintritt in das Haus die Thür aufrissen, fuhr eine Böe hinterdrein, daß Glas und Silber im Wandschrank durcheinander klirrten; oben im Hause über ihren Köpfen zitterten und krachten die Balken, als wolle der Sturm das Dach von den Mauern reißen. Aber Hauke kam nicht wieder in das Zimmer; Elke hörte, wie er durch die Tenne nach dem Stalle schritt. ‚Den Schimmel! Den Schimmel, John! Rasch!' So hörte sie ihn rufen; dann kam er wieder in die Stube, das Haar zerzaust, aber die grauen Augen leuchtend. ‚Der Wind ist umgesprungen!' rief er —, ‚nach Nordwest, auf halber Springfluth! Kein Wind; — wir haben solchen Sturm noch nicht erlebt!'

Elke war todtenblaß geworden: ‚Und du mußt noch einmal hinaus?'

Er ergriff ihre beiden Hände und drückte sie wie im Krampfe in die seinen: ‚Das muß ich, Elke.'

Sie erhob langsam ihre dunklen Augen zu ihm, und ein paar Secunden lang sahen sie sich an; doch war's wie eine Ewigkeit. ‚Ja, Hauke,' sagte das Weib; ‚ich weiß es wohl, du mußt!'

Da trabte es draußen vor der Hausthür. Sie fiel ihm um den Hals, und einen Augenblick war's, als könne sie ihn nicht lassen; aber auch das war

nur ein Augenblick. ‚Das ist unſer Kampf!‘ ſprach
Hauke; ‚ihr ſeid hier ſicher; an dies Haus iſt noch
keine Fluth geſtiegen. Und bete zu Gott, daß er auch
mit mir ſei!‘

Hauke hüllte ſich in ſeinen Mantel, und Elke
nahm ein Tuch und wickelte es ihm ſorgſam um den
Hals; ſie wollte ein Wort ſprechen, aber die zitternden Lippen verſagten es ihr.

Draußen wieherte der Schimmel, daß es wie
Trompetenſchall in das Heulen des Sturmes hinein-
klang. Elke war mit ihrem Mann hinausgegangen;
die alte Eſche knarrte, als ob ſie auseinanderſtürzen
ſolle. ‚Steigt auf, Herr!‘ rief der Knecht, ‚der Schimmel iſt wie toll; die Zügel könnten reißen.‘ Hauke
ſchlug die Arme um ſein Weib: ‚Bei Sonnenaufgang
bin ich wieder da!‘

Schon war er auf ſein Pferd geſprungen; das
Thier ſtieg mit den Vorderhufen in die Höhe; dann
gleich einem Streithengſt, der ſich in die Schlacht
ſtürzt, jagte es mit ſeinem Reiter die Werfte hinunter, in Nacht und Sturmgeheul hinaus. ‚Vater,
mein Vater!‘ ſchrie eine kläglich Kinderſtimme hinter
ihm darein: ‚Mein lieber Vater!‘

Wienke war im Dunklen hinter dem Fortjagenden hergelaufen; aber schon nach hundert Schritten strauchelte sie über einen Erdhaufen und fiel zu Boden.

Der Knecht Iven Johns brachte das weinende Kind der Mutter zurück; die lehnte am Stamme der Esche, deren Zweige über ihr die Luft peitschten, und starrte wie abwesend in die Nacht hinaus, in der ihr Mann verschwunden war; wenn das Brüllen des Sturmes und das ferne Klatschen des Meeres einen Augenblick aussetzten, fuhr sie wie in Schreck zusammen; ihr war jetzt, als suche Alles nur ihn zu verderben, und werde jäh verstummen, wenn es ihn gefaßt habe. Ihre Knie zitterten, ihre Haare hatte der Sturm gelöst und trieb damit sein Spiel. „Hier ist das Kind, Frau!" schrie John ihr zu; „haltet es fest!" und drückte die Kleine der Mutter in den Arm.

„Das Kind? — Ich hatte dich vergessen, Wienke!" rief sie; „Gott verzeih mir's." Dann hob sie es an ihre Brust, so fest nur Liebe fassen kann, und stürzte mit ihr in die Knie: „Herr Gott und du mein Jesus, laß uns nicht Wittwe und nicht Waise werben! Schütz ihn, o lieber Gott; nur du und ich, wir kennen ihn allein!" Und der Sturm setzte nicht mehr aus; es tönte und donnerte, als solle die ganze Welt in ungeheuerem Hall und Schall zu Grunde gehen.

„Geht in das Haus, Frau!" sagte John; „kommt!" und er half ihnen auf und leitete die Beiden in das Haus und in die Stube.

— — Der Deichgraf Hauke Haien jagte auf seinem Schimmel dem Deiche zu. Der schmale Weg war grundlos; denn die Tage vorher war unermeßlicher Regen gefallen; aber der nasse, saugende Klei schien gleichwohl die Hufe des Thieres nicht zu halten, es war, als hätte es festen Sommerboden unter sich. Wie eine wilde Jagd trieben die Wolken am Himmel; unten lag die weite Marsch wie eine unerkennbare, von unruhigen Schatten erfüllte Wüste; von dem Wasser hinter dem Deiche, immer ungeheurer, kam ein dumpfes Tosen, als müsse es alles Andere verschlingen. „Vorwärts, Schimmel!" rief Hauke; „wir reiten unseren schlimmsten Ritt!"

Da klang es wie ein Todesschrei unter den Hufen seines Rosses. Er riß den Zügel zurück; er sah sich um: ihm zur Seite dicht über dem Boden, halb fliegend, halb vom Sturme geschleudert, zog eine Schaar von weißen Möven, ein höhnisches Gegacker ausstoßend; sie suchten Schutz im Lande. Eine von ihnen — der Mond schien flüchtig durch die Wolken — lag am Weg zertreten: dem Reiter war's, als flattere ein rothes Band an ihrem Halse. „Claus!" rief er. „Armer Claus!"

War es der Vogel seines Kindes? Hatte er Roß und Reiter erkannt und sich bei ihnen bergen wollen? — Der Reiter wußte es nicht. „Vorwärts!" rief er wieder, und schon hob der Schimmel zu neuem Rennen seine Hufe, da setzte der Sturm plötzlich aus, eine Todtenstille trat an seine Stelle; nur eine Secunde lang, dann kam er mit erneuter Wuth zurück; aber Menschenstimmen und verlorenes Hundegebell waren inzwischen an des Reiters Ohr geschlagen, und als er rückwärts nach seinem Dorf den Kopf wandte, erkannte er in dem Mondlicht, das hervorbrach, auf den Werften und vor den Häusern Menschen an hochbeladenen Wagen umher hantirend; er sah, wie im Fluge, noch andere Wagen eilend nach der Geest hinauffahren; Gebrüll von Rindern traf sein Ohr, die aus den warmen Ställen nach dort hinaufgetrieben wurden. ‚Gott Dank! sie sind dabei, sich und ihr Vieh zu retten!' rief es in ihm; und dann mit einem Angstschrei: ‚Mein Weib! Mein Kind! — Nein, nein; auf unsere Werfte steigt das Wasser nicht!'

Aber nur einen Augenblick war es; nur wie eine Vision flog Alles an ihm vorbei.

Eine furchtbare Böe kam brüllend vom Meer herüber, und ihr entgegen stürmten Roß und Reiter den schmalen Alt zum Deich hinan. Als sie oben waren, stoppte Hauke mit Gewalt sein Pferd. Aber wo war das Meer? Wo Jeversand? Wo blieb das Ufer drüben? — — Nur Berge von Wasser sah er vor sich, die dräuend gegen den nächtlichen Himmel stiegen, die in der furchtbaren Dämmerung sich über einander zu thürmen suchten und über einander gegen das feste Land schlugen. Mit weißen Kronen kamen sie daher, heulend, als sei in ihnen der Schrei alles furchtbaren Raubgethiers der Wildniß. Der Schimmel schlug mit den Vorderhufen und schnob mit seinen Nüstern in den Lärm hinaus; den Reiter aber wollte es überfallen, als sei hier alle Menschenmacht zu Ende; als müsse jetzt die Nacht, der Tod, das Nichts hereinbrechen.

Doch er besann sich: es war ja Sturmfluth; nur hatte er sie selbst noch nimmer so gesehen; sein Weib, sein Kind, sie saßen sicher auf der hohen Werfte, in dem festen Hause; sein Deich aber — und wie ein Stolz flog es ihm durch die Brust — der Hauke-Haiendeich, wie ihn die Leute nannten, der mochte jetzt beweisen, wie man Deiche bauen müsse!

Aber — was war das? — Er hielt an dem Winkel zwischen beiden Deichen; wo waren die Leute, die er hieher gestellt, die hier die Wacht zu halten hatten? — Er blickte nach Norden den alten Deich hinan; denn auch dorthin hatte er Einzelne beordert. Weder hier noch dort vermochte er einen Menschen zu erblicken; er ritt ein Stück hinaus, aber er blieb allein; nur das Wehen des Sturmes und das Brausen des Meeres bis aus unermessener Ferne schlug betäubend an sein Ohr. Er wandte das Pferd zurück: er kam wieder zu der verlassenen Ecke und ließ seine Augen längs der Linie des neuen Deiches gleiten; er erkannte deutlich: langsamer, weniger gewaltig rollten hier die Wellen heran; fast schien's, als wäre dort ein ander Wasser. ‚Der soll schon stehen!' murmelte er, und wie ein Lachen stieg es in ihm herauf.

Aber das Lachen verging ihm, als seine Blicke weiter an der Linie seines Deichs entlang glitten: an der Nordwestecke — was war das dort? Ein dunkler Haufen wimmelte durcheinander; er sah, wie es sich emsig rührte und drängte — kein Zweifel, es waren Menschen! Was wollten, was arbeiteten die jetzt an seinem Deiche? — Und schon saßen seine Sporen dem Schimmel in den Weichen, und das Thier flog mit ihm dahin; der Sturm kam von der Breitseite; mitunter drängten die Böen so gewaltig, daß sie fast vom Deiche in den neuen Koog hinabgeschleudert wären; aber Roß und Reiter wußten, wo sie ritten. Schon gewahrte Hauke, daß wohl ein paar Dutzend Menschen in eifriger Arbeit dort beisammen seien, und schon sah er deutlich, daß eine Rinne quer durch den neuen Deich gegraben war. Gewaltsam stoppte er sein Pferd: „Halt!" schrie er; „halt! Was treibt ihr hier für Teufelsunfug?"

Sie hatten in Schreck die Spaten ruhen lassen,

als sie auf einmal den Deichgraf unter sich gewahrten; seine Worte hatte der Sturm ihnen zugetragen, und er sah wohl, daß mehrere ihm zu antworten strebten; aber er gewahrte nur ihre heftigen Gebärden; denn sie standen Alle ihm zur Linken, und was sie sprachen, nahm der Sturm hinweg, der hier draußen jetzt die Menschen mitunter wie im Taumel gegeneinander warf, so daß sie sich dicht zusammenschaarten. Hauke maß mit seinen raschen Augen die gegrabene Rinne und den Stand des Wassers, das, trotz des neuen Profiles, fast an die Höhe des Deichs hinaufklatschte und Roß und Reiter überspritzte. Nur noch zehn Minuten Arbeit — er sah es wohl — dann brach die Hochfluth durch die Rinne und der Hauke-Haienkoog wurde vom Meer begraben!

Der Deichgraf winkte einem der Arbeiter an die andere Seite seines Pferdes. „Nun, so sprich!" schrie er, „was treibt ihr hier, was soll das heißen?"

Und der Mensch schrie dagegen: „Wir sollen den neuen Deich durchstechen, Herr! damit der alte Deich nicht bricht!"

„Was sollt ihr?"

— ‚Den neuen Deich durchstechen!'

‚Und den Koog verschütten? — Welcher Teufel hat euch das befohlen?'

‚Nein, Herr, kein Teufel; der Bevollmächtigte Ole Peters ist hier gewesen; der hat's befohlen!'

Der Zorn stieg dem Reiter in die Augen: ‚Kennt ihr mich?' schrie er. ‚Wo ich bin, hat Ole Peters nichts zu ordiniren! Fort mit euch! An euere Plätze, wo ich euch hingestellt!'

Und da sie zögerten, sprengte er mit seinem Schimmel zwischen sie: ‚Fort, zu euerer oder des Teufels Großmutter!'

‚Herr, hütet Euch!' rief Einer aus dem Haufen und stieß mit seinem Spaten gegen das wie rasend sich gebärdende Thier; aber ein Hufschlag schleuderte ihm den Spaten aus der Hand, ein Anderer stürzte zu Boden. Da plötzlich erhob sich ein Schrei aus dem übrigen Haufen, ein Schrei, wie ihn nur die Todesangst einer Menschenkehle zu entreißen pflegt; einen Augenblick war Alles, auch der Deichgraf und der Schimmel, wie gelähmt; nur ein Arbeiter hatte gleich einem Wegweiser seinen Arm gestreckt; der wies nach der Nordwestecke der beiden Deiche, dort wo der neue auf den alten stieß. Nur das Tosen des Sturmes und das Rauschen des Wassers war zu hören. Haule drehte sich im Sattel: was gab das dort? Seine Augen wurden groß: ‚Herr Gott! Ein Bruch! Ein Bruch im alten Deich!'

‚Eure Schuld, Deichgraf!' schrie eine Stimme aus dem Haufen: ‚Eure Schuld! Nehmt's mit vor Gottes Thron!'

Haules zornrothes Antlitz war todtenbleich geworden; der Mond, der es beschien, konnte es nicht bleicher machen; seine Arme hingen schlaff, er wußte kaum, daß er den Zügel hielt. Aber auch das war nur ein Augenblick; schon richtete er sich auf, ein hartes Stöhnen brach aus seinem Munde; dann wandte er stumm sein Pferd, und der Schimmel schnob und raste ostwärts auf dem Deich mit ihm dahin. Des Reiters Augen flogen scharf nach allen Seiten; in seinem Kopfe wühlten die Gedanken: Was hatte er für Schuld vor Gottes Thron zu tragen? — Der Durchstich des neuen Deichs — vielleicht, sie hätten's fertig gebracht, wenn er sein Halt nicht gerufen hätte; aber — es war noch eins, und es schoß ihm heiß zu Herzen, er wußte es nur zu gut — im vorigen Sommer, hätte damals Ole Peters' böses Maul ihn nicht zurückgehalten — da lag's! Er allein hatte die Schwäche des alten Deichs erkannt; er hätte trotz alledem das neue Werk betreiben müssen: ‚Herr Gott, ja ich bekenn es,' rief er plötzlich laut in den Sturm hinaus, ‚ich habe meines Amtes schlecht gewartet!'

Zu seiner Linken, dicht an des Pferdes Hufen, tobte das Meer; vor ihm, und jetzt in voller Finsterniß, lag der alte Koog mit seinen Werften und heimathlichen Häusern; das bleiche Himmelslicht war völlig ausgethan; nur von einer Stelle brach ein Lichtschein durch das Dunkel. Und wie ein Trost kam es an des Mannes Herz; es mußte von seinem Haus herüber scheinen, es war ihm wie ein Gruß von Weib und Kind. Gottlob, die saßen sicher auf der hohen Werfte! Die Anderen, gewiß, sie waren schon im Geestdorf droben; von dorther schimmerte so viel Lichtschein, wie er niemals noch gesehen hatte; ja selbst hoch oben aus der Luft, es mochte wohl vom Kirchthurm sein, brach solcher in die Nacht hinaus. ‚Sie werden Alle fort sein, Alle!' sprach Hauke bei sich selber; ‚freilich auf mancher Werfte wird ein

Haus in Trümmern liegen, schlechte Jahre werden für die überschwemmten Fennen kommen; Siele und Schleusen zu repariren sein! Wir müssen's tragen, und ich will helfen, auch denen, die mir Leids gethan; nur, Herr, mein Gott, sei gnädig mit uns Menschen!'

Da warf er seine Augen seitwärts nach dem neuen Koog; um ihn schäumte das Meer; aber in ihm lag es wie nächtlicher Friede. Ein unwillkürliches Jauchzen brach aus des Reiters Brust: ‚Der Haule-Haiendeich, er soll schon halten; er wird es noch nach hundert Jahren thun!'

Ein donnerartiges Rauschen zu seinen Füßen weckte ihn aus diesen Träumen; der Schimmel wollte nicht mehr vorwärts. Was war das? — Das Pferd sprang zurück, und er fühlte es, ein Deichstück stürzte vor ihm in die Tiefe. Er riß die Augen auf und schüttelte alles Sinnen von sich: er hielt am alten Deich, der Schimmel hatte mit den Vorderhufen schon darauf gestanden. Unwillkürlich riß er das Pferd zurück; da flog der letzte Wolkenmantel von dem Mond, und das milde Gestirn beleuchtete den Graus, der schäumend, zischend vor ihm in die Tiefe stürzte, in den alten Koog hinab.

Wie sinnlos starrte Hauke darauf hin; eine Sündfluth war's, um Thier und Menschen zu verschlingen. Da blinkte wieder ihm der Lichtschein in die Augen; es war derselbe, den er vorhin gewahrt hatte; noch immer brannte der auf seiner Werfte; und als er jetzt ermuthigt in den Koog hinabsah, gewahrte er wohl, daß hinter dem sinnverwirrenden Strudel, der tosend vor ihm hinabstürzte, nur noch eine Breite von etwa hundert Schritten überfluthet war; dahinter konnte er deutlich den Weg erkennen, der vom Koog heranführte. Er sah noch mehr: ein Wagen, nein, eine zweiräberige Carriole kam wie toll gegen den Deich herangefahren; ein Weib, ja auch ein Kind saßen darin. Und jetzt — war das nicht das kreischende Gebell eines kleinen Hundes, das im Sturm vorüberflog? Allmächtiger Gott! Sein Weib, sein Kind waren es; schon kamen sie dicht heran, und die schäumende Wassermasse drängte auf sie zu. Ein Schrei, ein Verzweiflungsschrei brach aus der Brust des Reiters: „Elke!" schrie er; „Elke! Zurück! Zurück!"

Aber Sturm und Meer waren nicht barmherzig, ihr Toben zerwehte seine Worte; nur seinen Mantel hatte der Sturm erfaßt, es hätte ihn bald vom Pferd herabgerissen; und das Fuhrwerk flog ohne Aufenthalt der stürzenden Fluth entgegen. Da sah er, daß das Weib wie gegen ihn hinauf die Arme streckte: Hatte sie ihn erkannt? Hatte die Sehnsucht, die Todesangst um ihn sie aus dem sicheren Haus getrieben? Und jetzt — rief sie ein letztes Wort ihm zu? — Die Fragen fuhren durch sein Hirn; sie blieben ohne Antwort: von ihr zu ihm, von ihm zu ihr waren die Worte all verloren; nur ein Brausen wie vom Weltenuntergang füllte ihre Ohren und ließ keinen anderen Laut hinein.

„Mein Kind! O Elke, o getreue Elke!" schrie Hauke in den Sturm hinaus. Da sank aufs Neue ein großes Stück des Deiches vor ihm in die Tiefe, und donnernd stürzte das Meer sich hinterdrein; noch einmal sah er drunten den Kopf des Pferdes, die Räder des Gefährtes aus dem wüsten Gräuel emportauchen und dann quirlend darin untergehen. Die starren Augen des Reiters, der so einsam auf dem Deiche hielt, sahen weiter nichts. „Das Ende!"

sprach er leise vor sich hin; dann ritt er an den Abgrund, wo unter ihm die Wasser, unheimlich rauschend, sein Heimathsdorf zu überfluthen begannen; noch immer sah er das Licht von seinem Hause schimmern; es war ihm wie entseelt. Er richtete sich hoch auf und stieß dem Schimmel die Sporen in die Weichen; das Thier bäumte sich, es hätte sich fast überschlagen; aber die Kraft des Mannes drückte es herunter. „Vorwärts!" rief er noch einmal, wie er es so oft zum festen Ritt gerufen hatte: „Herr Gott, nimm mich; verschon die Anderen!"

Noch ein Sporenstich; ein Schrei des Schimmels, der Sturm und Wellenbrausen überschrie; dann unten aus dem hinabstürzenden Strom ein dumpfer Schall, ein kurzer Kampf.

Der Mond sah leuchtend aus der Höhe; aber unten auf dem Deiche war kein Leben mehr, als nur die wilden Wasser, die bald den alten Koog fast völlig überfluthet hatten. Noch immer aber ragte die Werfte von Haule Haiens Hofstatt aus dem Schwall hervor, noch schimmerte von dort der Lichtschein, und von der Geest her, wo die Häuser allmählich dunkel wurden, warf noch die einsame Leuchte aus dem Kirchthurm ihre zitternden Lichtfunken über die schäumenden Wellen."

\* \* \*

Der Erzähler schwieg; ich griff nach dem gefüllten Glase, das seit lange vor mir stand; aber ich führte es nicht zum Munde; meine Hand blieb auf dem Tische ruhen.

"Das ist die Geschichte von Hauke Haien," begann mein Wirth noch einmal, "wie ich sie nach bestem Wissen nur berichten konnte. Freilich die Wirthschafterin unseres Deichgrafen würde sie Ihnen anders erzählt haben; denn auch das weiß man zu berichten: jenes weiße Pferdsgerippe ist nach der Fluth wiederum, wie vormals, im Mondschein auf Jevershallig zu sehen gewesen; das ganze Dorf will es gesehen haben. — So viel ist sicher: Hauke Haien mit Weib und Kind ging unter in dieser Fluth; nicht einmal ihre Grabstätte hab ich droben auf dem Kirchhof finden können; die todten Körper werden von dem abströmenden Wasser durch den Bruch ins Meer hinausgetrieben und auf dessen Grunde all-

mählich in ihre Urbestandtheile aufgelöst sein — so
haben sie Ruhe vor den Menschen gehabt. Aber
der Haule-Haien-Deich steht noch jetzt nach hundert
Jahren, und wenn Sie morgen nach der Stadt
reiten und die halbe Stunde Umweg nicht scheuen
wollen, so werden Sie ihn unter den Hufen Ihres
Pferdes haben.

Der Dank, den einstmals Jewe Manners bei den
Enkeln seinem Erbauer versprochen hatte, ist, wie Sie
gesehen haben, ausgeblieben; denn so ist es, Herr:
dem Sokrates gaben sie ein Gift zu trinken und
unseren Herrn Christus schlugen sie an das Kreuz!
Das geht in den letzten Zeiten nicht mehr so leicht;
aber — einen Gewaltsmenschen oder einen bösen
stiernackigen Pfaffen zum Heiligen, oder einen tüchtigen Kerl, nur weil er uns um Kopfeslänge über-
wachsen war, zum Spuk und Nachtgespenst zu
machen — das geht noch alle Tage."

Als das ernsthafte Männlein das gesagt hatte,
stand es auf und horchte nach draußen. „Es ist
dort etwas anders worden," sagte er und zog die
Wolldecke vom Fenster; es war heller Mondschein.
„Seht nur," fuhr er fort, „dort kommen die

Gevollmächtigten zurück; aber sie zerstreuen sich, sie gehen nach Hause; — drüben am anderen Ufer muß ein Bruch geschehen sein; das Wasser ist gefallen."

Ich blickte neben ihm hinaus; die Fenster hier oben lagen über dem Rand des Deiches; es war, wie er gesagt hatte. Ich nahm mein Glas und trank den Rest: „Haben Sie Dank für diesen Abend!" sagte ich; „ich denk, wir können ruhig schlafen!"

„Das können wir," entgegnete der kleine Herr; „ich wünsche von Herzen eine wohlschlafende Nacht!"

— — Beim Hinabgehen traf ich unten auf dem Flur den Deichgrafen; er wollte noch eine Karte, die er in der Schenkstube gelassen hatte, mit nach Hause nehmen. „Alles vorüber!" sagte er. „Aber unser Schulmeister hat Ihnen wohl schön was weiß gemacht; er gehört zu den Aufklärern!"

— „Er scheint ein verständiger Mann!"

„Ja, ja, gewiß; aber Sie können Ihren eigenen Augen doch nicht mißtrauen; und drüben an der anderen Seite, ich sagte es ja voraus, ist der Deich gebrochen!"

Ich zuckte die Achseln: „Das muß beschlafen werden! Gute Nacht, Herr Deichgraf!"

Er lachte: „Gute Nacht!"

— — Am anderen Morgen, beim goldensten Sonnenlichte, das über einer weiten Verwüstung aufgegangen war, ritt ich über den Hauke-Haien-Deich zur Stadt hinunter.

www.ingramcontent.com/pod-product-compliance
Lightning Source LLC
Chambersburg PA
CBHW030730230426
43667CB00007B/661